滄海叢刊

哲學與思想

王曉波 著

1988

東大圖書公司印行

哲學與思想　／王曉波著－－初版－－
台北市：東大出版：三民總經銷，民77
2, 280面；21公分

1. 哲學—論文，講詞等　I 王曉波著
107/8466

© 哲學與思想

作　者　王曉波
發行人　劉仲文
出版者　東大圖書股份有限公司
總經銷　三民書局股份有限公司
印刷所　東大圖書股份有限公司
地址／臺北市重慶南路一段六十一號二樓
郵撥／○一○七一七五一○號
初　版　中華民國七十七年十一月
編　號　E 10020
基本定價　肆元
行政院新聞局登記證局版臺業字第○一九七號

「河殤」之後的省思

——《哲學與思想》自序

今年的二月二日，我從桃園機場踏上了返鄉探親之旅，我要去的是四十年前我來自的原鄉，也是分裂的祖國的另一岸。

我是一個中國哲學史的專業研究者，那古老的大陸正是孕育中國哲學的原鄉，哲學是一個民族文化表現的高級形式。所以，我踏上的不僅僅是血緣人道的探親之旅，並且也是文化學術的探親之旅。其興奮之情是可想見而知的。

我知道：在那古老的大地上，曾有一羣優秀而勤奮的人民，創造過人類輝煌的文明，在漫長的歷史時期裏，歷經變亂困阨，而屹立至今。

但我也知道：一八四〇年「鴉片戰爭」之後，天朝上國的夢碎，在西方船堅砲利的侵略下，喪權辱國、割地賠款。那古老大地的胸膛，幾乎遭受過所有帝國主義的蹂躪，英法聯軍、甲午戰爭、八國聯軍、南京大屠殺……。

在帝國主義的壓迫下，不但象徵中國民族抵禦外侮的長城被突破了，並且連數千年來中國人安身立命的心理長城——中國文化——也崩潰了。

在「三千年來未有之巨變」的震撼下，承負中國文化傳承的知識份子也不得不驚慌失措，從洋務運動、中體西用，到「新文化運動」之後的「打倒孔家店」和「全盤西化」，又反動到一九四九年後的「中國文化馬列化」，和「文革」的「破四舊」及「批孔」。號稱「震動人類靈魂」的文化大革命，只造成了文化的荒蕪化、野蠻化，而以「十年浩刼」收場。

在反省「文革」的基礎上，有了「四個現代化」和「開放政策」。但歷史竟是這般的反諷，在新「摩登」的「反傳統」思潮的詮釋下，「文革」的「破四舊」和「批孔」竟被歸類於「傳統」，「全盤西化」又成了「現代化」的具體的註解。

我是在臺灣成長的戰後一代知識份子，又是以中國哲學史研究爲專業，不能不關心中國的前途，也不能不思索中國文化的出路。我曾爲偉大輝煌的中國文化而自豪，也爲近代中國文化的衰落而自傷。

懷著對文化原鄉的自豪和自傷，踏上了文化探親之旅，迎向中國新的「摩登」潮流，我來到了北京。

二月九日，在北京我應「臺灣同學會」之邀，作了一場以「中國知識份子的形成及其性格」

爲題的報告。二月十二日，又應邀參加了中國文化書院所舉辦的「中國傳統文化與現代化」的座談會，我則以「現代與古代的對話」爲題，作了一個報告。二月十三日，又應中國文化書院之邀爲該書院函授班同學作了一場「近代中國民族自救運動」爲題的講演。在中國文化書院的報告和講演，返臺後我將其整理爲「現代與古代的對話」一文，在臺灣同學會的報告則以原題整理成文。

在「中國傳統文化與現代化」座談會中報告後，曾引起了與會學者熱烈的討論，最後我針對批評的意見提出了答辯如下：

「謝謝大家對我特別優待，給我作第二次發言的機會。我只想就一些先生評議我前面的發言再講幾點：

第一，十七世紀以前的中國科技是不是落後於歐洲？我認爲不是落後，而是領先於歐洲。我這裏不做論證，其論證可以到李約瑟的《中國科技史》中去尋找。

第二，我認爲，中國自先秦以後所發展起來的民本思想，是古代原始社會的民主的一種文化遺迹。這個結論在我所著《韓非思想歷史研究》的長篇序文中有詳細論證。當代人類學的調查研究也表明：古代人類是處於一種民主的狀態，這也就是馬克思所講的原始共產社會的民主。

第三，近代歐洲民主思潮的勃興，其實是受到古希臘、古羅馬的古代民主的啟發。由此也可見，人類的歷史和思想，是不可以一刀切斷的。

第四，我覺得，今天的討論相當類似於當年臺灣的東西文化的討論，即政治性似乎強於文化學術性。在臺灣，當時的所謂反傳統意識，就是反對當時的臺灣權威統治。今天的許多討論，也好像是在「隔山打牛」：所謂反傳統也就是反對當前的權威政治。我要說的是：權威政治並不是傳統，而是借助現代化工具發展了的極權主義。

第五，我認爲，自然科學可以抄襲外國的，因爲地球上各地的情況都差不多；而社會科學，是不能抄襲外國的。就近代中國歷史來講，我們一會兒抄美國的，一會兒抄俄國的，這實際上是把別人的健康檢查表當做了自己的病情診斷書。這種病急亂投醫，造成了許許多多的問題。

第六，我同意劉笑敢先生的說法：今天在臺灣、在大陸，似乎不是民族自大狂的問題，而是民族自卑感的問題。在這一點上，我認爲，對待西方文化應該抱既謙虛又自尊的態度，來重建我們苦難而偉大的祖國！

謝謝各位！」

我的答辯之後，由張岱年（季同）教授作整個座談會的總結。岱老在大學生時期就參加過二十年代學界孔老年代問題的大辯論，後任教清華大學，三十年代以《中國哲學大綱》（日譯《中國哲學問題史》）一書享譽學界，生平爲學處世以「直道而行」，「解放」後和大陸知識份子一般，遭受種種迫害，至「四人幫」瓦解後，才恢復正常工作。其道德學問備受學界尊崇，至今安貧樂道而不改本色。岱老除擔任北大教授外，並擔任清華大學思想文化研究所所長，及中國文化書院名譽副院長。他當天作的總結如次：

「我參加這會很高興，大家發言踴躍，因時間關係不能暢所欲言，但還是都有內容的。王曉波先生的發言很有特點，也值得大陸學習的：他每用一個名詞都有一個明確的定義，而我們大陸上，有時說起話來模模糊糊，說了半天，不知他說的是甚麼意思。剛才龐樸先生分析文化傳統和傳統文化，這並非無道理，他說文化傳統是改不了的，而我認爲，現在的一個任務就是要改。文化傳統的確很難改，因爲有所謂深層結構。但還是應該改，應該反省。我們中國的文化，不管是儒家的還是道家的，其思想方式都有個好處，就是辯證思維，是用了辯證法的。也有缺點，就是模糊思維，話說得模模糊糊的。如果我們是用傳統思維方式來反傳統，用模糊思維來反模糊思維，這是不見效的。現在首先要改我們的思維方式。過去的優點要保留，可是西方的分析試驗的方式，我們要拿過來。

我認爲，我們現在到了一個新的轉變的時期。這個時期是相當長的，但前途是有希望的。在香港，有人寫了一本書，叫《中國文化的深層結構》，其中有一個意思我感到很奇怪。作者認爲，在中國的哲學史上，人的觀念還沒有萌芽。難道五千年來我們的中國人就不是人？我們要反對這種殖民意識。帝國主義認爲黃種人不是人，只有白種人才是人，中國人不是人而是狗。我認爲，跟在帝國主義的這種論調後面鸚鵡學舌，這是可恥的。我感到，目前我們民族的自卑感太嚴重了！爲甚麼有一部分人會產生自卑感？就是因爲一百年來殖民地生活才搞成了這個樣子。今天我們應該採取科學的態度來重新評判。因此，我很歡喜、讚嘆王曉波先生剛才講的：今天的問題不是民族自大狂，而是民族自卑感。」（《瞭望週刊》海外版，一九八八年三月七日）

岱老的講評使我有「一字之褒，貴如華袞」的榮寵，也是給我在臺灣研究民族文化和維護民族尊嚴的艱苦奮鬥作了最大的鼓勵，亦可見岱老對後輩提攜的用心。

回到臺灣之後，不久我即收到清華大學思想文化研究所教授劉鄂培先生從香港轉來三月五日岱老來信云：「月前在中國文化書院召開的座談會上得聆高論，甚爲贊佩！今海峽兩岸學術交流即將展開，殊可慶幸。清華大學思想文化研究所決定編輯《臺灣學者論中西文化》一書，計畫收一百萬字，由中國社會科學出版社出版，預定八九年第一季度發行，您對於文化問題有湛深的研究，敬請惠寄大作一篇，務希兪允，不勝切盼！謝謝！專此順頌」

我回信除了表示「岱老有命，不敢不從」外，並言「此次北京之行，得見岱老，實慰生平仰慕之情，並在座談會上得岱老指教，實莫大之榮幸。」此外，我還向岱老請教大陸的「新潮」謂：「六十年代後，美國爲第三世界國家提供之現代化理論，業已在拉丁美洲受到強烈的批判。以上月晚在北京參加的座談會而言，國內學者似乎並不重視依賴理論對現代化理論的批判，反而成了國內的『新潮』。」

除了回信外，我還寄贈整理出來的「中國知識份子的形成及其性格」一文，分別請岱老和劉鄂培教授指教。

三月十七日，我接到劉鄂培教授來信謂：「大作『中國知識份子的形成及其性格』已拜讀，反映出國內有識之士的共同心聲，亦切中當前之時弊。我現在參加《清華大學學報》哲學和社會科學版的一些編輯工作，未知您是否同意在學報上刊登？」「十分贊同來信：『學術交流爲民族整合之必要條件』這一高論，願爲之努力而共勉。」

四月十四日，岱老來信亦對大陸「新潮」有所感而言：「大陸十年閉塞，七九年始漸開放，介紹了西方的各種『新潮』，其實亦未必新耳。」四月二十九日，我回岱老信云：「二月間向在京學界先進請益，恕晚直言，今日中國學界自馬列主義退潮後，似乎有『扶得東來，西又倒』之勢，近代中國知識份子總是在美蘇二強的意識型態間搖擺，而缺乏主體性，中國問題之解決，更待何日？實令人擔憂。」

五月二十四日，岱老又來信說：「尊函云：『近代中國知識份子總是在美蘇二強的意識型態間搖擺，而缺乏主體性』，愚深有同感！每念及此，深感責任重大，恨力量薄弱耳，願共勉之！」岱老一生歷經患難，以八秩高齡而有此宏願，我輩後生能不汗顏？所以，七月五日，我又回函岱老云：「『文革』後，大陸思想界有『虛無化』之傾向，晚亦略有所感，唯否極泰來，尚有待努力，晚願追隨您老爲振興中華文化而奮鬥。」

今年八月，我同被解散的「大陸臺灣史研究現況考察團」到大陸，北京的電視臺正推出了一個轟動全國的電視連續節目《河殤》，企圖宣告以黃河爲象徵的大陸型中國文化的死亡，總撰稿人之一的蘇曉康介紹《河殤》時就說：

> 有人說，應該砸碎儒家學說，實行全盤西化；也有人說，中國只能「西體中用」才有出路；還有人說，必須重建儒家文明的第三繁榮期。近年來，無論是中國知識界對儒家命運的反思和文化戰略問題的大討論，還是在曲阜出現的隆重的祭孔活動，都反映了中華民族的反省已經觸及到種族文化選擇這個最深刻的命題。

我們不能改變自己皮膚的顏色，就像我們不能改變黃河的顏色一樣。然而，我們卻必須重建中國人的文化——心理結構。這將是一項極爲艱巨複雜的文化——哲學的系統工程。」

「振興中華文化」是「一項極爲艱巨複雜的文化——哲學的系統工程」，但是絕不是「全盤西化」或「西體中用」，或宣告中華文化死亡的「河殤」，也不是以「海洋文化」代替「大陸文化」。「海洋文化」在近代世界史上是意念著資本帝國主義向海外擴拓殖民的取向。今天的中國是具有向海外擴拓殖民的潛力的，但這絕不是中國之福，並且也將成爲世界人類的禍害。

雖然我不贊成《河殤》所表達的文化思想，但身爲一個中國人，我卻對《河殤》在鉅創和幻滅後所呈現深沈的民族悲痛和絕決的意志，有深刻的同情和理解。「振興中華文化」的工作，應當是批判的承繼傳統，也就是「揚棄」傳統而吸取其「合理的核心」，在帝國主義和「文革」蹂躪後的中華文化的現實上，重建一個物質和精神富裕的中華文化，這是沒有任何現存的世界文化可資模仿的，乃是中國人必須保持其主體性而獨立創造的。否則，那只是中國知識份子心智的懶惰。

一九八一年，香港刊物曾報導了一位「北京之春」青年的談話：

「當我坐下來靜靜思考的時候，我又發現了新的問題。我想，如果讓我掌權，我應該實行甚麼樣的制度呢？我無法回答這個問題。於是，我開始看書，希望能從書中找到答案。我看過《資本論》，也看過《民約論》；我看過凱恩斯，也看過存在主義，……」

「我沒有找到現成的答案，但也吸取了不少營養。書裏的那一切，似乎不能照搬到我們的國家中來。我們的國家是一個古老而特殊的國家，有太多的人口，又有廣濶的地盤。我們所繼承的，有孔夫子的禮教，也有秦始皇的中央集權制，更有毛澤東思想及其實踐所造成的一切，我們是要在這樣一個基礎上開始我們的改革。」

「要發展生產力，要搞民主化。總之，我們的國家要強大，我們的人民應該幸福。中國人受的苦太多啦！這種狀況絕對不能繼續下去了，……」

《河殤》之所以會引起全國人民的轟動，那是觸動了全民族心靈的傷痛，但「河殤」之後將如何，更是當代中國知識份子必須探索而不可推卸的責任。也正是岱老所言：「每念及此，深感責任重大」。

本書所收集的論文，是我個人探索此一問題的一個心路歷程的記錄。其中有不少篇都發表在胡秋原先生發行的《中華雜誌》上，並且，有許多觀念也是長期來受到胡先生啟發的，這是我要特別致謝的。我更期待的是各方先進和高明的指教，並願追隨大家為振興中華文化而奮鬪。

是為之序。

一九八八年十月十三日於新店

哲學與思想

目次

一、氣與古代自然哲學

在中國哲學史上，作爲對自然的認識，氣是一個很重要的概念，其與萬物本原、宇宙形成、天體運行、四時變化、生物生長等問題，在解釋系統中都有一定的關係。但作爲自然哲學的「氣」的概念如何產生，已不得而知。

唯張岱年說：「氣之觀念，實卽由一般所謂氣體之氣而衍出的。氣體無一定形象，可大可小，若有若無，一切固體液體都能化爲氣體，氣體又可結爲液體固體。以萬物爲一氣變化的見解，當是由此事實而導出的。」❶張岱年的說法有類似於亞里斯多德和辛普里丘（Simplicius）對泰利士（Thales）以水爲萬物始基的解釋。

❶張岱年，《中國哲學大綱》，頁四〇，中國社會科學出版社，一九八二年。

馮友蘭則認爲：「氣在中國古代有兩種意義。一種意義是『天氣』，《左傳》說：『天生六氣』，指『寒、暖、陰、陽、明、晦』等天時現象。一種意義指人呼吸的氣息，《說文》說：『氣，息也』；息就是呼吸。天氣對農業生產是十分重要的；氣息對人的生命也是十分重要的。」❷

馮友蘭的說法應該是從古代有關氣的討論中歸納而來的。從「天氣」和「氣息」，「氣」漸漸抽象成解釋宇宙自然的概念。

一

在周宣王卽位之時，氣的概念就曾被用作爲對有關農事的自然現象的解釋，當時虢文公就曾言：「古者，太史順時覛（音脈，視也）土，陽癉（音端，厚也）憤盈，土氣震發，農祥晨正，日月底于天廟，土乃脈發。先時九日，太史告稷曰：『自今至于初吉，陽氣俱蒸，土膏其動，弗震弗渝，脈其滿眚，穀乃不殖。』」（《國語．周語上》）

虢文公這段話是說，立春之前不能播種，播種必須在立春之時才行。因爲立春之時「陽癉憤盈，土氣震發」，而在立春之前是「陽氣俱蒸」。由此可見，「陽氣」是有利於作物生長的。

❷ 馮友蘭，《中國哲學史新編》第一册，頁二九四，人民出版社，一九六四年再版。唯其所引《左傳》昭公元年或爲「天有六氣」，陰、陽、風、雨、晦、明。

楚國的觀射父亦曾言：「日月會於豲，土氣含收，天明昌作（注：謂天氣上也），百嘉備舍。」（《國語・楚語下》）這又是說，孟冬之時，天氣上騰，地氣下降，不能交合，作物不能生長，但卻是收成的時節。可見虢文公和觀射父所說的「陽氣」和「土氣」都是和農業作物有關的。

以陰陽二氣來解釋農作的情形，《管子》有一段如下的說明：

「春者，陽氣始上，故萬物生；夏者，陽氣畢上，故萬物長；秋者，陽氣始下，故萬物收；冬者，陽氣畢下，故萬物藏。故春夏生長，秋冬收藏，四時之節也。」（《管子・形勢解》）

除了以「陽氣」來說明作物的生長外，還有《禮記・月令》中的解釋，認為春天之所以作物能生長乃是「天氣下降，地氣上騰，天地和同，草木萌動」。《黃帝內經》也說到「天地氣交，萬物華實」（《黃帝內經・素問・四氣調神大論》）「天地和同」或「天地氣交」也就是陰陽交合，陰陽或天地二氣雖是對立的，但也有「和同」的統一，由於這種對立的二種氣的統一，才有「草木萌動」。冬天之所以作物不能生存，乃因「天氣上騰，地氣下降，天地不通，閉塞而成冬」，這已不是單純的以「陽氣畢下」來解釋作物的不能生長，而是以陰陽二氣不能「和同」，致使「天地不通」來說明作物不能生長。

農作物的生長收藏是有季節性的，因此，古代中國對節令有相當的敏感，《禮記・月令》還說到夏至和冬至，夏至乃是「日長至，陰陽爭，死生分」，冬至則為「日短至，陰陽爭，諸生蕩」。

漁獵的時節和氣也有一定的關係。魯宣公時，里革嘗言：「古者大寒降，土蟄發，水虞於是乎講罛罶，取名魚，登川禽，而嘗之寢廟，行諸國，助宣氣也。鳥獸孕，水蟲成，獸虞於是乎禁罝羅，矠魚鼈以爲夏槁，助生阜也。」（《國語・魯語上》）在《禮記・月令》中也詳細規定了漁獵的時令，例如，孟春之月就規定著「犧牲毋用牝，禁止伐木，毋覆巢，毋殺孩蟲胎夭飛鳥，毋麛，毋卵」。

由此可見，古代自然哲學的氣，和中國古代農業是有一定關係的，由於農業的需要而產生了這麼一套的解釋系統，根據這樣的農業知識，並產生了對生態保護的觀念。

從對農事的觀察來理解自然外，更進一步，氣的概念被用來解釋一般的宇宙自然。

將氣分成陰陽（或天地）來解釋自然界現象，在周幽王二年，有大地震，伯陽父嘗言：「周將亡矣！夫天地之氣，不失其序，若過其序，民亂之也。陽伏而不能出，陰迫而不能烝，於是有地震。今三川實震，是陽失其所而鎮陰也。陽失而在陰，川源必塞，源塞，國必亡。」（《國語・周語上》）

這是說宇宙自然必有其秩序，秩序一旦破壞，必將影響社會政治。地震的原因乃是「陽伏而不能出，陰迫而不能烝」，故陰陽不能交合，而使得陽而不鎮壓陰（地），所以，才有地震，並且也必因陰氣無法被鎭壓而源塞。

雖然這種說法是幼稚的，但畢竟不是神話，而是古代科學的地震說。

另外，周靈王二十二年，太子晉也有段話說：

「夫山，土之聚也；藪，物之歸也；川，氣之導也；澤，水之鍾也。夫天地成而聚於高，歸物於下。疏爲川谷，以導其氣；陂塘汙庳，以鍾其美。是故聚不阤崩，而物有所歸；氣不沈滯，而亦不散越。是以民生財用，而死有所葬。……故天無伏陰，地無散陽，水無沈氣，火無災燀，神無閒行，民無淫心，時無逆數，物無害生，帥象禹之功，度之于軌儀，莫非嘉績，克厭帝心。」（《國語．周語下》）

伯陽父和太子晉，都將氣的變化聯系到自然現象的變化，並且還聯系到人事現象的變化，這固有其一定的科學性。但是，把自然現象聯系到人事現象如伯陽父者，也爲後來的災異之說開了先河。

二

「天氣」和農業四時等自然環境有關，而與生命有關的「氣息」之氣，也很早就被討論了，氣與人的生命和身體相關，例如，「若血氣強固，將壽寵得沒」。（《國語．魯語上》）

再進一步，氣和人的言行都有關，例如，周景王二十三年單穆公有言：「口內味而耳內聲，聲味生氣。氣在口爲言，在目爲明。……不精則氣佚，氣佚則不和。於是有狂悖之言，有眩惑之明，有轉易之名，有過慝之度。」（《國語・周語下》）

甚至，到後來認爲人的道德，都和人的秉氣有關，除了道家的爲養生而養氣外，也有爲道德而養氣的，那就是孟子的「我善養吾浩然之氣」（《孟子・公孫丑上》）。

到了早期道家，在被稱爲《管子》四篇中❸，對氣和生命的關係，有了更詳細的討論。氣被認爲是作物生長之所必須，進一步普遍化後而有「有氣則生，無氣則死，生者以其氣」（《管子・樞言》）的說法。至於人的生命從何而來，而言：「凡人之生也，天出其精，地出其形，合此以爲人，和乃生，不和不生。」（《管子・內業》）「精」是什麼，又言：「精也者，氣之精者也。」（同上）「形」是什麼，《管子》並沒有告訴我們，不過，《呂氏春秋》說到「形氣亦然，形不動則精不流」（《呂氏春秋・盡數》），可見「形」亦是氣。王充也說：「天地合氣，萬物自生。」（《論衡・談天》）

❸ 馮友蘭說：「這裏所說的資料，是《管子》這部書中的『心術上、下』、『白心』、『內業』四篇（以下稱爲《管子》四篇）。指出這四篇在哲學史上的價值，並加以仔細考訂分析，這個功勞屬於郭沫若先生。他所寫的〈宋鈃尹文遺著考〉，肯定這四篇是『宋鈃、尹文的遺著』，『是戰國時代道家思想的前驅』。我相信這四篇是齊國『某些稷下先生』所著，它們代表的思想『是戰國時代的道家思想的前驅』，但是我還不能確信，它們果然是宋鈃、尹文底遺著。」見馮友蘭，《中國哲學史論文初集》，頁一四三，新風圖書社，一九六二年重版。但古代有關於氣的討論並不止於道家，《管子》除這四篇外，也有討論氣和道的篇章。

然「天出其精」「地出其形」各所指爲何，《淮南子》云：「是故精神，天之所有也；而骨骸者，地之所有也。……夫精神者，所受於天也，而形體者，所稟於地也。」（《淮南子・精神訓》）「精神」或庶幾近乎生命和靈魂之義。「合此以爲人，和乃生，不和不生」，正說明了人是精神（靈魂）與肉體合一的。

因爲人是精氣和形氣合成的，所以說：「氣者，身之充也。」（《管子・心術下》）同樣的說法亦見諸孟子所言「氣者，體之充也」（《孟子・公孫丑上》），另還有「氣者，生之充也」（《淮南子・原道》）的說法。《莊子》亦言：「中國有人焉，非陰非陽，處於天地之間，直且爲人，將反於宗，自本視之，生者，喑醷物也。」（《莊子・知北遊》）而成玄英疏曰：「本，道也，喑醷，氣聚也。從道理而觀之，故知生者聚氣之物也。」

人死而形存，因此，「合此以爲人」的精氣和形氣的關係如何，需有進一步的說明，故言「精存自生，其外安榮，內藏以爲泉原，浩然和平，以爲氣淵，淵之不涸，四體乃固，泉之不竭，九竅遂通」（《管子・內業》）。這是把精氣當成其他的氣的來源，亦當是生命的來源。所以《淮南子》就不說「合此以爲人」，而直言「精氣爲人」（《淮南子・精神訓》）。王充進而言：「人之所以生者，精氣也；死而精氣滅。能爲精氣者，血脈也，人死血脈竭，竭而精氣滅，滅而形體朽。」（《論衡・論死》）

人的生死和氣的關係，莊子也說過：「人之生，氣之聚也；聚則生，散則爲死。」（《莊子・知北遊》）人的生死是和氣的聚散爲一致，因此可見，《管子》、《莊子》、王充都沒有認爲在氣之外可以有獨立存在的生命或靈魂。

「九竅遂通」是指人的感官敏銳，而人的感官感覺是和精氣的多寡有關，這也就是說，人的感官感覺不是可以脫離構成人生命和身體的精氣而獨立存在，主張水爲「萬物之本原也，諸生之宗室也」的另外一派，也曾認爲水「凝蹇而爲人，而九竅五慮出焉」。（《管子・水地》）這不但是說人之有感官感覺是因爲水，而且人之有思慮也由構成人的水所產生的。關於氣，除了「九竅遂通」外，另有「氣道（通）乃生，生乃思，思乃知，知乃止」（《管子・內業》）的說法。這也就是說，思想和知覺乃是氣的作用。

精氣可以使人「四體乃固」、「九竅遂通」，更是生命的源泉，因此，如何使我們身體的精氣充沛，也就是養生之道。

人生身上就有精氣，否則就不能生，要精氣充沛，首先就要防止原有的精氣失散，如何不使原有的精氣從身上失散，那就必須使身體能成爲一個精氣停留的處所，所以說：「定心在中，耳目聰明，四枝堅固，可以爲精舍。」（《管子・內業》）「精舍」就是精氣可以留駐的房子。這乃是說，有生理和心理健康的身體，才能留得住精氣。

除了要能留得住原有的精氣外，還要能吸收新的精氣到身體上來，並且，來了又不能讓它走，那就必須是「敬除其舍，精將自來，精想思之，寧念治之。嚴容畏敬，精將至（自）定，得

之而勿捨，耳目不淫，心無他圖。」（《管子．內業》）

因爲神也是一種精氣，如何使視這種精氣引進體內並保留之，故言：「虛其欲，神將入舍；掃除不潔，神乃留處」（《管子．心術上》），另外還要「潔其宮，開其門，去私毋言，神明若存。」（同上）「和氣」應該也是一種精氣，因爲「沖和氣者爲人」（《列子．天瑞》），如何積累這種精氣，韓非說：「孔竅虛則和氣日入。」（《韓非子．解老》）這是說，人須「虛」，精氣才能進入，韓非和《管子》的不同，一是「虛其欲」，一是要「孔竅虛」。

神是一種精氣，甚至連鬼也是精氣，故言精氣「流於天地之間謂之鬼神」（《管子．內業》），又言「非鬼神之力也，精氣之極也。」（同上）由此可知鬼神也是精氣外，並且也能讓人理解到早期道家的自然主義甚至連鬼神的神秘面紗也要揭去。

其實儒家經典的《禮記》也有類似的看法，例如，「氣也者，神之盛也。魄也者，鬼之盛也。合鬼與神敎之至也。眾生必死，死必歸土，此之謂鬼，骨肉斃於下，陰爲野土。其氣發揚於上爲昭明，焄蒿悽愴，此百物之精也，神之著也。」（《禮記．祭義》）

中國沒像其他許多民族一樣，有強大的宗教傳統和力量，除了人文主義的因素外，古代的自然主義也應該是一個很重要的因素。子曰：「敬鬼神而遠之，可謂知矣。」（《論語．雍也》），有所祭祀不過只是「致鬼神，以尊上也，致物用，以立民紀也」（《禮記．祭義》）。這也是中國文化的特色。

三

氣或精氣究竟是什麼？或云：「精氣爲物」（《易．繫辭上》）張載亦言：「氣之爲物，散入無形。」（《正蒙．太和》）但是，精氣是「下生五穀，上爲列星」的，也就是說，一切的萬物是由氣構成的，那麼氣又怎麼可能是由它自己所構成的「萬物」之「物」呢？那麼「精氣爲物」或「氣之爲物」的「物」又是什麼意思呢？「散入無形」的氣之「物」又是何物？

老子云：「道生一，一生二，二生三，三生萬物。」（《老子》四十二章）「萬物」由道產生，故道當然不是「萬物」。然又云：「有物混成，先天地生，寂兮寥兮，獨立不改，周行而不殆，可以爲天下母。吾不知其名，字之曰『道』，強爲之名曰『大』。」（《老子》二十五章）可見道是「有物混成」的。又言：「道之爲物，惟恍惟惚。惚兮恍兮，其中有象；恍兮惚兮，其中有物；窈兮冥兮，其中有精，其精甚眞，其中有信。」（《老子》二十一章）可見，不但「道之爲物」，並且，「其中有象」、「其中有物」、「其中有精」、「其中有信」。又云：道是「是謂無狀之狀，無物之象，是謂惚恍。」（《老子》十四章）「無狀之狀，無物之象」，可見「道之爲物」並不是一般的物。故嚴靈峯說：

「在老子看來，『道』這個東西是生在天地之先；就是說，在整個宇宙未建立以前就存在了，這種思想很類似於康德（Kant）和拉普拉斯（Laplace）的星雲說（Nebular Hypothesis）。

因爲星雲（Nebula）一字原來是拉丁名詞。它的意義是迷霧、濛雨、水氣或濃厚的空氣之類的東西。……至於《老子》所說的『有物混成』，正是這個撲朔迷離的星雲團之另一說法。」❹

因此，「精氣爲物」或「氣之爲物」的「物」，不是一般的物，而是「無狀之狀，無物之象」的「物」，也就是一種「星雲」狀態的「物」，或者說是一種具有「物質性」的「物」。萬物是由這種氣分化而來，所以，萬物都有氣的成分，荀子說：「水火有氣而無生，草木有生而無知，禽獸有知而無義，人有氣有生有知亦且有義，故最爲天下貴也。」（《荀子．王制》）這是說，不但生物是由精氣構成，並且，無生物也是由氣所構成的。

氣本身雖不是有形之物，但卻是構成一切生命和無生命的有形之物的「物」。所以，萬物說到底，不過是氣而已。《莊子》說：「故萬物一也，是其所美者爲神奇，其所惡者爲臭腐，臭腐復化爲神奇，神奇復化爲臭腐。故曰『通天下一氣耳』。聖人故貴一。」（《莊子．知北遊》）「通天下一氣耳」，這乃是因爲萬物皆由氣化而成。

道家《莊子》所講的氣是什麼性質，根據嚴靈峯的研究認爲：

「氣既有輕、重，其爲物質性，當無疑義。『沖和氣者爲人』，正合《莊子》：『人之生，氣之聚也』的說法。《莊子》的『聚散』，和《列子》的『積氣』，可說是同義語；可見在《莊

❹ 嚴靈峯，《經子叢著》第九冊，頁三，自印本，一九八三年。

子》看來，氣亦『實有』而非『眞空』。」❺

從氣之「聚散」，可以知氣是會運動的。進而從「精將自來」「精將至（自）定」，可知精氣的運動和停留非由外力，而是「自來」「至（自）定」的。《列子》言氣「淸輕者，上爲天；濁重者，下爲地」（《列子‧天瑞》），表示了氣有輕重。氣有輕重又有運動，並且是自己的運動。無怪乎嚴靈峯言「其爲物質性，當無疑義。」

靈氣亦當是一種精氣，有言：「靈氣在心，一來一逝，其細無內，其大無外。」（《管子‧內業》）

「一來一逝」，當指氣的運動而言。「其大無外」，當指其爲「有物混成」或指氣分佈的空間而言。如言：「天積氣耳，亡處亡氣。……日月星宿，亦積氣中之有光耀者。……地積塊耳。充塞四虛，亡處亡塊。……虹蜺也，雲霧也，風雨也，四時也，此積氣成乎天者也。山岳也，河海也，金石也，火木也，此積氣成乎地者也。」（《列子‧天瑞》）

「其細無內」，當指氣爲微粒的大小。

希臘哲學史上，有德謨克拉特（Democritus）和留息帕斯（Leucippus）認爲，原子（Atom）是爲萬物的始基，一切萬物，包括生命，是由原子所構成，而「原子」的希臘文義爲「不可分

❺同❹，頁五〇九。

割」。微粒小到不可分割，不正是「其細無內」嗎？所以，不可分割的原子觀念，不但出現在古代希臘哲學史上，也出現在中國早期道家的著作中。

「其細無內」的觀念不僅用以形容氣的大小，也曾用來形容道，如「道之在天地之間也，其大無外，其小無內」（《管子．心術上》）及「道可受兮不可傳，其小无內兮其大無垠」（《楚辭．遠遊》）。這個觀念還曾用來說明「宙合」——「宙合之意，上通於天之上，下泉於地之下，外出於四海之外，合絡天地爲一裹，散之於無閒不可名而山（止），是大之無外，小之無內。」（《管子．宙合》）惠施亦言：「至小无內，謂之小一。」（《莊子．天下》）可見「其細無內」的原子觀念的出現，在中國哲學史上並非孤立偶然，甚至，嚴靈峯認爲「玄之又玄」（《老子》一章），「其精甚精」（《老子》二十一章），「小之微也」（《莊子．秋水》）、「無形者，數之所不能分也」（同上）都是原子之義❻。

氣可以化成萬物，而賦予各種不同事物的性質，如言：「精氣之集也，必有入也；集於羽鳥，與爲飛揚；集於走獸，與爲流行；集於珠玉，與爲精朗；集於樹木，與爲茂長；集於聖人，與爲夐明。」（《呂氏春秋．盡數》）但是，萬物變化而「化不易氣」（《管子．內業》），氣本身是不變化的，而是氣的聚散、來逝等運動造成萬物的變化。

❻同❹，頁七三六。

簡言之，氣乃是構成萬物的「其細無內」的無形之「物」，這種氣充塞於天地之間（「其大無外」），並由其自己運動，聚散而構成萬物的消長。

若能解釋氣乃是一種「其細無內」的無形之「物」後，也就能理解孟子所說的「浩然之氣」了，孟子說：「氣者，體之充也。」這並沒有脫離古代自然哲學對氣認識的範圍。只是他認爲，志比氣更爲優先，而言：「夫志，氣之帥也；氣，體之充也。夫志至焉，氣次焉；故曰：無暴其氣。」（《孟子·公孫丑上》）雖然，「夫志至焉，氣次焉」有不同的理解❼，但是「夫志，氣之帥也」是無疑義的，且志是心的範疇。不過，他也承認：氣有時也會帶動志的，「志壹則氣動，氣壹則志動也」（同上）。

孟子說的「浩然之氣」──「其爲氣也，至大至剛，以直養而無害，則塞於天地之間」（《孟子·公孫丑上》），其實也沒有背離一般氣的「至大無外」和養氣的範圍。唯孟子認爲這種「浩然之氣」是「其爲氣也，配義與道；無是，餒也。是集義所生者，非義襲而取之也」（同上），雖然，孟子認爲「夫志，氣之帥也」，又認爲義並不是由氣來，而是「集義」生氣，但是氣與義的關係，他畢竟只說那是「配」，而沒有能否定氣是志之外的眞實存在，只是在氣之外也有義與

❼ 趙岐云：「志爲至要之本，氣爲其次。」而毛奇齡以「次」爲舍止，云：「志之所至，氣卽隨之而止。」（見楊伯峻，《孟子譯注》，頁七〇，源流出版社，一九八三年二版。）唯這兩說法均不妨礙以志優先於氣的理解。

道。又氣能「充」，能「塞」，即表示氣爲「實有」。「至大」指「塞於天地之間」，「至剛」則表示氣是不可「毀」的，也可見「浩然之氣」，亦爲一種具有物質性的氣。

然而，馮友蘭早年曾言：「如孟子哲學中果有神秘主義，則孟子所謂浩然之氣，即個人最高境界中的精神狀態。」❽其實如能從古代自然哲學來理解「浩然之氣」，孟子的「神秘主義」也沒有什麼神秘可言。

四

以「其細無內」而言，氣是構成萬物極細微的無形之「物」；從「其大無外」而言，整個宇宙也是氣這種「物」所構成的，它又是磅礴的無形之「物」。早期道家即言：

「凡物之精，此則爲生，下生五穀，上爲列星，流於天地之間謂之鬼神，藏於胸中謂之聖人。是故民（此）氣，杲乎如登天，杳乎如入淵，淖乎如在於海，卒乎如在於己，是故此氣也，不可止以力，而可安以德，不可呼以聲，而可迎以音。」（《管子．內業》）

《呂氏春秋．圜道》則以精氣來說明宇宙萬物的生成變化是一種循環的運動，這乃是因爲精氣的上下運動是一種周行不殆的，因而言「何以說天道之圜也，精氣一上一下，圜周複雜，無所

---

❽ 馮友蘭，《中國哲學史》，頁一六六，商務印書館，一九三一年。

稽留，故曰天道圜」。因爲「天道圜」，所以一切的自然現象的變化都是周而復始的「圜道」，故言：「日夜一周，圜道也。月躔二十八宿，軫與角屬，圜道也。精行四時，一上一下，各與遇，圜道也。物動則萌，萌而生，生而長，長而大，大而成，成乃衰，衰乃殺，殺乃藏，圜道也。雲氣西行，云云然，冬夏不輟，水泉東流，日夜不休，上不竭，下不滿，小爲大，重爲輕，圜道也。」

除了以精氣來說明宇宙萬物的生成變化外，在古代中國還有《莊子》以陰陽二氣的相互作用來說明宇宙的形成：「至陰肅肅，至陽赫赫，肅肅出乎天（地），赫赫發乎地（天）；兩者交通成和而物生焉，或爲之紀而莫見其形。消息滿盈，一晦一明，日改月化，日有所爲而莫見其功。生有所乎萌，死有所乎歸，始終相反乎无端而莫知其所窮。非是也，且孰爲之宗！」（《莊子・田子方》）

《呂氏春秋・大樂》也以陰陽二氣來說明宇宙萬物的變化，唯在陰陽之前又提出了太一和兩儀，其言曰：「太一出兩儀，兩儀出陰陽，陰陽變化，一上一下，合而成章，渾渾沌沌，離則復合，合則復離，是謂天常。」

「太一」是什麼？「兩儀」又是什麼？

《易・繫辭上》曰：「是故易有太極，是生兩儀。」孔穎達疏曰：「太極謂天地未分之前，元氣混而爲一，即是太初太一也。故老子云『道生一』，即此太極是也。又謂混元既分，即有天地，故曰『太極生兩儀』，即老子云『一生二』也。」又《莊子》謂「至大無外，謂之大一」（《莊子．天下》）「大」通「太」。「至大無外」也就是「其大無外」，而氣是「其大無外」的，所以「太一」是「太極」，也是氣未分化前的狀態。

《禮記．禮運》謂：「是故禮必本於太一，分而爲天地，轉而爲陰陽，變而爲四時，列而爲鬼神。」孔穎達疏曰：「必本於太一者，謂天地未分混沌之元氣也。極大曰太，未分曰一，其氣極大而未分，故曰太一。……天之氣運轉爲陽，地之氣運轉爲陰。」

由此可知，「太一」乃是氣在未分化時的狀況，其爲「混沌」或「渾渾沌沌」，其實也就是老子說的「有物混成」。再者，宇宙萬物的生成變化，乃是陰陽二氣之離合也。

「太一」是一種氣的混沌狀態，而宇宙萬物又如何的由這種混沌的狀態演化而來，在古代中國自然哲學中，曾有過自覺性的要探討這個宇宙的起源問題。詩人屈原曾問道：「遂古之初，誰傳道之？上下未形，何由考之？冥昭瞢闇，誰能惟之？馮翼惟象，何由考之？明明闇闇，惟時何爲？陰陽三合，何本何化？」（《楚辭．天問》）關於這些問題，列子曾有如下的答覆：

「夫有形者生於無形，則天地安從生？故曰：有太易，有太初，有太始，有太素。太易者，未見氣也；太初者，氣之始也；太始者，形之始也；太素者，質之始也；氣、形、質具而未相離，故曰渾淪。渾淪者，言萬物相渾淪而未相離也。視之不見，聽之不聞，循之不得，故曰易也。易無形埒，易變而爲一，一變而爲七，七變而爲九，九變者，究也；乃復變而爲一。一者，形變之始也。清輕者上爲天，濁重者下爲地，沖和

氣者爲人。故天地含精，萬物化生。」（《列子・天瑞》）

《列子》之「太易」即「渾淪」，與「道」同義，即「混而爲一」，故云：「易變而爲一」，與「道生一」同義。這個宇宙形成或宇宙起源的問題，曾是古代中國哲學中廣泛討論的問題。其中以氣的概念作爲討論的，茲舉例如次：

「天地合而萬物生，陰陽接而變化起。」（《荀子・禮論》）

「夫昭昭生於冥冥，有倫生於无形，精神生於道，形本生於精，而萬物以形相生。」（《莊子・知北遊》）

「察其始而本无生，非徒无生也而本无形，非徒无形也而本无氣。雜乎芒芴之間，變而有氣，氣變而有形，形變而有生，今又變而之死，是相與爲春秋冬夏四時行也。」（《莊子・至樂》）

「洞同天地，渾沌爲樸，未造而成物，謂之太一。同出於一，所爲各異。」（《淮南子・詮言訓》）

「古未有天地之時，惟像無形，窈窈冥冥，芒芠漠閔，澒濛鴻洞，莫知其門。（高誘注：皆未成形之氣也。……皆無形之象，故曰莫知其門也。）有二神混生，經天營地，孔乎莫知其所止息。於是乃別爲陰陽，離爲八極，剛柔相成，萬物乃形。」（《淮南子・精神訓》）

《管子・內業》直言「凡物之精，此則爲生，下生五穀，上爲列星」，《呂氏春秋・圜道》言「精氣一上一下，圜周復雜，無所稽留，故曰，天道圜」，這都是說萬物的本原是精氣，故精氣從何來就不必討論了。

《莊子・田子方》以「至陰」和「至陽」二氣「兩者交通成和而物生焉」，《荀子・禮論》所言「天地」和「陰陽」亦應指氣。氣雖有陰陽和天地之別，但宇宙萬物由此而生，那麼萬物的本原還是氣，氣之前是什麼，也不必討論了。

《呂氏春秋・大樂》、《禮記・禮運》和《淮南子・詮言訓》以「太一」爲本原，太一又是「其氣極大而未分」，所以，以「太一」爲本原還是以氣爲本原。《淮南子・精神訓》經高誘注亦知其宇宙萬物之本原爲氣。

以氣爲本原的主張，東漢王符亦言：

「上古之世，太素之時，元氣窈冥，未有形兆，萬精合幷，混而爲一，莫制莫御，若斯久之，翻然自化，清濁分別，變成陰陽，陰陽有體，實生兩儀，天地壹鬱，萬物化淳。」（《潛夫論・本訓》）

唯《列子・天瑞》明言「太易者，未見氣也」，「太易」當爲「道」，而與《周易》之「易」爲「變易」有別。氣可以是無形的，但《莊子・至樂》卻說「非徒無形也而本无氣」，《莊子・知北遊》也說「精神生於道，形本生於精」，這也就是說「氣」雖然是爲構成一切有形之物的本原，但它自已本身卻另有本原。因此，在古代氣的自然哲學就出現了二種見解，一是以氣爲本原，一是以氣仍有本原。以氣仍有本原的見解還有：

「天墜未形，馮馮翼翼，洞洞灟灟，故曰太昭。道始于虛霩，虛霩生宇宙，宇宙生氣（高誘注：宇四方上下也，宙古往今來也。）氣有涯垠，清陽者薄靡而爲天；重濁者凝滯而爲地。清妙之合專易，重濁之凝竭難。故天先成而地後定。天地之襲精爲陰陽，陰陽之專精爲四時，四時之散精爲萬物。」（《淮南子‧天文訓》）

「太昭」是一種宇宙未形的狀態，似乎也就是《莊子‧知北遊》說的「昭昭」。「虛霩」一方面產生「道」，一方面產生「宇宙」，由「宇宙」再產生氣，由氣而產生天地。這種說法，雖然，以氣產生天地，但畢竟不是以氣爲本原的。

五

在古代中國自然哲學中，雖然有一派不以氣爲宇宙萬物的本原，而認爲氣之上還有「易」、「太易」、「太昭」或「道」。這種看法或從老子來，老子說：「道生一，一生二，二生三，三生萬物。」

但是，老子又自稱「道之爲物」，並言道是「有物混成」，只不過「道之爲物」是「無狀之狀，無物之象」罷了。並且老子的「道」又是「玄之又玄」「其精又精」的微粒。

至少在《管子》四篇中，早期道家雖然同時使用了「道」和「氣」二個概念，但是卻經常混用。

他們說：「氣者，身之充也。」但又言：「夫道者所以充形也，而人不能固，其往不復，其來不舍，謀乎不聞其音，卒乎乃在於心，冥冥乎不見其形，淫淫乎與我俱生，不見其形，不聞其聲，而序其成，謂之道。」（《管子・內業》）

「夫道者所以充形也」固然與「氣者，身之充也」同義。「其往不復，其來不舍」，這也和氣能運動，能停留（「舍」）具有同樣的性質。「而人不能固」正是「不可止以力」，「謀乎不聞其聲」正是「不可呼以聲」，「冥冥乎不見其形」正是「杲乎如登天，杳乎如入淵，淖乎如入海」，而「卒乎乃在於心」也就是「卒乎如在於己」。

「道在天地之間也，其大無外，其小無內。」「其大無外，其小無內」不正是靈氣的「其細無內，其大無外」嗎？「道在天地之間」，精氣不也「流於天地之間」嗎？

又說：「凡道，無根無莖，無葉無榮，萬物以生，萬物以成，命之曰道。」（《管子・內業》）「萬物以生」也正是「生者以其氣」。這一項「道」的性質又和氣相互雷同。

另外，與《管子》四篇的「道」相類似的說法有：

「道也者，視之不見，聽之不聞，不可爲狀。有知不見之見，不聞之聞，无狀之狀者，謂之太一。」（《呂氏春秋・大樂》）

「道也者，至精也」本身就說明了道就是精氣。何況，根據孔穎達所說，「太一」也就是「

太初」，乃是「其氣極大而未分」。依《列子．天瑞》之說，「太初者，氣之始也」。所以，《呂氏春秋．大樂》所說的「道」應爲氣，而無疑義。但這種「道」與老子的「道」不同，老子的「道」是「其中有精」，是精在道中的。

這種以道爲精的說法亦見於《管子》，所以，近代學者或以爲《管子》四篇中的「道」就是精氣，如馮友蘭說：「道就是靈氣，也就是精，也就是神，也就是明，也就是極細緻的物質。」❾黃公偉也主張：「《管子》以宇宙起源於氣，虛靜無體，故稱之爲『道』。」❿

在《管子》四篇中，「道」和「精氣」或「氣」之所以混用，據周立升和王德敏說：「精氣論是從老子的理論體系中脫胎而來的，因此它不可避免地保留著老子思想的某些痕迹，其中最明顯的是有時還沿用老子的「道」作爲精氣的同義語。」⓫但這並不是說，老子的「道」就是精氣。「道生一」，依孔穎達之意，「道」不是氣，「一」才是氣。《列子》的「道」是「太易」也不是氣，《莊子》的「道」也不是氣，以「道」爲氣或精氣，應是《管子》四篇的系統，以老、列、莊的系統而言，「道」應是本體屬形而上，具有第一義，而氣爲創生，屬形而下，爲第二義。

---

❾ 同註二，頁二九八。

❿ 黃公偉，《中國哲學史》，頁九二，帕米爾書店，一九七一年再版。

⓫ 周立升、王德敏，〈管子中的精氣論及其歷史貢獻〉，《哲學研究》一九八三年第五期，頁七五。

「氣」是中國自然哲學中的一個重要的概念，與道有關，與陰陽五行亦有關。古代氣的自然哲學的理論一直影響到宋的「理氣之爭」，也是中國民族對自然和物質認識的一個重要概念，其中包括了許多豐富的內容，在中國古代自然哲學的討論中，富有中國民族特色的本體論和宇宙論自在其中，其對物質的認識，亦老早就發現了「其細無內」的原子觀念，由此可見，古代人類對物質自然世界的探討，並不僅止於希臘民族。

中國有偉大的人文主義的傳統，其實自古代以來，中國也有極其偉大的自然哲學的傳統，這也是中國哲學史所不可缺乏的重要部分。

後記：本文爲一九八五年臺大哲學系「國際中國哲學研討會」所發表之論文。

二、古代自然哲學和儒家的天道觀

人類對自然、人事，及對自己發生的事物，都會有一定的解釋，在人類蒙昧之初，對許多自然、人事的現象，無法以今天的科學方法加以解釋。但人爲了掌握自然規律，卻有要求解釋的強烈傾向，也就是人要求把對於這種種現象，究竟有什麼理由、什麼原因，要得一個合理的說明。這個過程中首先是以神話來作爲自然和人事的解釋。譬如天地那裏來？世界那裏來？當時沒有今天的科學，因此產生了「盤古開天」、「精衞塡海」、「女媧補天」等解釋出現，西方也有許多種神話的產生，譬如希臘神話中說的許多故事，什麼火是神由天上偸至人間，人間才有火。

這些神話，和日後哲學、科學的解釋有一區別的特點卽擬人化，擬人化就是把人自己的世界投射於天上的世界。盤古是神，其實是人的投射，投射人開天闢地。「精衞塡海」也是人的世界可觀察到的，觀察到鳥銜石頭，塡到池塘裏，塡久了，水乾了，自然形成陸地，這也是人以自己的經驗投射到神話世界裏。所以近代哲學家，言及宗教的世界是人的世界的一種「外化」，把自己的想像或得不到的東西投射到人之外去。

就此發展而言，中國人和全世界人類沒有什麼太多的差別，在哲學發展和思想史上，起初也都是用神話來解釋世界，在《國語》、《左傳》以及許多留傳下來的典籍中，可知中國擁有許多豐富的神話。由神話至理性主義的萌芽而有哲學的誕生。哲學在一定的意義下，是擺脫神話解釋的一個過程。特別強調一點，擺脫並不是完全否定，因爲一直到科學昌明的二十世紀八十年代，人類對世界仍然不能得到完全的解釋，剩下的問題只好留給上帝，留給宗教。

譬如命運爲何如此？有人富貴騰達，有人噩運連連？到今天爲止，還有許多問題不能解釋，人對人自己這個身體就有很多疑問：癌症是如何產生的？精神分裂是如何產生的？沒有人知道愛死病是如何產生的。沒有人知道，只是用各種方法試著解釋：大概抽菸會致癌，吃炸烤的食物易致癌……大概吃些什麼會怎麼樣、怎麼樣，找得的只是統計的資料，並無法得到必然因果關係。

康德曾說：「批判理性，俾開信仰之路。」理性可解釋者，歸於理性。理性不可解釋者，還是歸於上帝。宗教到今天仍然能夠在解釋系統保留活動的空間，道理亦卽在此。但由於科學知識的發達，不論是東方或西方，宗教信仰因科學的衝擊，其影響力較過去大爲減少。

以前是用神話解釋世界，理性主義萌芽後漸用哲學，哲學有自然和人事兩方面，對自然的解釋產生古代的自然主義；對人事的解釋，則產生古代的人文主義。古代的自然主義、人文主義是什麼呢？對自然現象用自然的理由和原因來解釋自然，是自然主義。用人事的理由和原因來解釋人事現象是人文主義。西方是如此，中國亦然。爲什麼會產生古代哲學呢？亞里斯多德認爲，哲學是起於人對自然的驚訝。胡適曾將亞氏說法介紹到中國，現在也有人贊同此點。關於這項看法，個人不太贊成。如果哲學只是起於單純的驚訝，爲什麼不早些驚訝呢？而是在一定的社會、文化條件下才驚訝呢？我同意的是孔子的看法，「行有餘力，則以學文」。哲學是人產生的，社會發展到一定地步，才可以讓一些人有閒，去看星星，去「驚訝」。如果一天爲三餐忙碌，晚上倒頭便夢周公，那可能有閒呢？進一步研究，希臘古代哲學家如泰利士、巴曼尼底斯，不是只看星星，便發展出哲學。古代希臘哲學家對於自然，不僅有哲學著作，更有航海的觀察、測天象、計算春分秋分的著作，還包括曆法的發明，這些東西做什麼呢？因爲希臘是一半島，常航海、航行要找方向，因此會注意星星，哲學家從天上的星星研究天象，如發現小熊星座等等。此外，航海還需地圖參考。關於曆法方面，現在大家都清楚是何月份，但如果沒有曆法，大家就無從知曉，只知忽冷忽熱而已。曆法和農業很有關連，何時播種，收成都需配合曆法，因此要掌握自然現象的規律，才能知何時播種、收成，才能知如何找星星、測方向，以利航行，因爲要掌握自然，所以人開始研究自然。

中國哲學起源也是如此，是要解釋自然的現象。中國人文主義之興起，也是解釋人事現象的。譬如以前你當皇帝，偏偏我做奴隸，憑什麼如此呢？因爲你奉天承命。爲什麼天把天下給殷後，又給周呢？因後來發現「天命靡常」，不是天而是人的問題，是「得民者昌，失民者亡」的問題。此後，各朝代開始用人事的理由解釋人事，神話的解釋漸漸消退，亦卽中國人文主義開始出現。《禮記・喪記》裏有段記載當時人文主義發展的話，當時記述者未必有豐富的哲學史知識，只是簡單地記載，「夏道尊命，事鬼神而遠之。殷人尊神，率民以事神。周人尊禮尙施，事鬼敬神而遠之。」對於「夏道遵命」我們今天沒有足夠的證據來證明是否正確。但殷人尙鬼，周人「事鬼敬神而遠之」，則是可考察到的。周代文、武王時，人文主義就相當發達。在殷周之際，中國「天」的觀念，也在此時出現。

「天」的觀念出現之後，大家至今仍存用此一觀念。根據馮友蘭對「天」的分析，大概分爲五種。第一種是主宰之天，大概類似西方上帝，是擬人化、有意志，因爲其有意志，所以要崇拜祂，拜得好，則天官賜福；拜不好，則天降其殃。任何宗教大概都認爲他們的神是有意志的，如果沒有意志，根本就不必崇拜。中國的天有主宰之天，主要是有「神」的觀念的天。第二種天是物質之天，卽天地、物質性的東西，老子曰：「天地不仁，以萬物爲芻狗。」所謂天地不仁，意謂天是沒有意志的。道家哲學是中國的自然主義，道教則是後來將老子神化後，所產生的中國本土性宗教。第三種天是運命之天，如病急呼天，平常的時候，人大概不會呼天，等到倒楣有事時，才發現天有問題，天不公平。第四種是自然之天，視宇宙世界爲一種自然。如講天性時，認爲天性是人本來的一種性質，譬如天道觀，其實就是自然觀。用西方哲學解釋，所謂的研究自然之天即是研究宇宙論，研究「天行有常」，自然之「天」也就是古代自然主義之「天」，也是古代自然科學。中國哲學史發展還有第五種義理之天，何謂義理之天？即是賦予了「天」一定的倫理意義，或者賦予哲學本體論的意義，它是一切事物產生的根源，一切道德最後的依據，是形而上的「天」。如宋、明理學講「去人欲，存天理」，就是義理之天。

就中國的「天」而言，中國的「天」剛開始時是有主宰之天的意義。像《書經》的「西伯戡黎」這節提到：祖尹說「天既訖我殷命」（意謂天要終止殷命，因爲紂不得民心，當時中國人認爲天子是奉天承命，爲民之主，來做天子。）而紂說：「嗚呼，我生不有命在天？」紂只覺得上天對他不够意思，依然故我，沒有改進，終於被推翻掉了。這裏所理解的「天」顯是主宰之天。《書經．多方》提到天子是「享天之命」，在「召誥」中提到「以小民受天有命」。另外在《左傳》裏「脣亡齒寒」的典故，講到「享祀豐潔，天必佑我」及「皇天無親，惟德是輔」，從《左傳》這二句話中，我們可知前者爲主宰之天，只要「享祀豐潔，天必佑我」，而後者則認爲「皇天無親，惟德是輔」。德是人的問題，所以此時「天」的觀念由主宰之天，進而開始有了人文化的傾向。

除了人文化傾向之外，在《國語》的「周語」裏，有此記載，周幽王二年大地震，伯陽父就曾言：「夫天地之氣，不失其序。若過其序，民亂之也。陽伏而不能出，陰迫而不能烝，於是有地震。」這大概是最早的地震說。雖然它是非常粗糙及幼稚，甚至可說不是現代科學的解釋，但

「天地之氣，不失其序」，就是要保持自然的常態與平衡，以今日之觀點而言，地震的原因是地球的結構發生了不平衡。在此，伯陽父對地震的解釋，是用自然的理由來超越神話，用自然主義來取代神話，取代了主宰之「天」。在《古文尙書》的「夏書」中，有「民爲邦本，本固邦寧」的觀念，與以前「奉天承命」的概念已經不同了。而且在《書經》的「酒誥」裏，商湯曾說「人無於水監（鑑），當於民監。」便有了要重視民意的反應。《孟子・公孫丑》篇中，殷太甲說：「天作孽，猶可違；自作孽，不可活。」以前人因爲「天威不可測」而懼天，而如今「天作孽，猶可違」，人可以反抗「天」——人的地位因此提高，但是「自作孽，不可活」是人的事情，所以產生「自求多福」這句話，「福」原來是要「天官賜福」，「禍」是「天降其殃」。既然是「自求多福」那就不需要「天」了，而且「天作孽，猶可違」——「天」的地位因此而下降。在《書經・皐陶謨》也說「天聰明，自我民聰明；天明畏，自我民明威」。對於統治者而言，不要以爲天是庇佑你的。雖然天選定天子，但天還是站在百姓的這一邊。所以《書經・召誥》中說：「天亦哀四方之民」，《書經・泰誓》說：「民之所欲，天必從之。」老百姓所想要的，天就順從。所以中國古代政治哲學變成一個互相交流的關係。就是天命令王，王又統治人民，但天又要順從民意，而構成一個循環。所以中國的政治哲學和歐洲後來之「君權神授說」的觀點不同，「君」是絕對主義，但中國的「王」，雖然代表天意，但天又代表民意，這是中國的人文主義，而且是中國民本思想的出現。所以孟子引「泰誓」言：「天視自我民視，天聽自我民聽。」

但是把「天」人文化後，又產生了一個問題，伯陽父說：「天地之氣，不失其序，若失其序，民亂之也。」「天地之氣，不失其序」，這是非常科學的。但怎麼會「若失其序，民亂之也」呢？失其序，就會地震，如何跟民亂扯上關連呢？因此開了後世讖緯的先河，以天象爲人象，如漢朝時流行著天會有變化，人也隨之變化。這種觀念一直流傳到現代。

對於天象與人象的對應，伯陽父多少認爲互有關連。周幽王二年的地震，使周亡國，這種觀念究竟有無經驗基礎呢？如果是腐敗的政權，突然發生災變，政權無法應付臨時災變，只好垮臺，在中國歷史上，政權垮之前，除了人禍，就是天災，例如大旱、大澇、或是蝗蟲過境，這種情形下，腐敗的政權，常常會垮，因此看起來，好像天象人象之間的關連也有其經驗基礎。其實當時的人區分不出天象人象的關係，因此當作是必然的因果關係，根據必然關係，不斷加以演繹，那就有問題了。天象和人象卽使有經驗上關連的可能，但並沒有必然的因果關係。

此種情形下，產生一些故事可幫助我們做爲參考，子產時曾有一位祭祀的巫祝對他說：「我看天象，鄭國大火」，因此要子產將鎭國之寶請出來祭天，子產不理，那年果然大火。次年，巫祝又看天象，又預測將有大火，子產仍然不拿出鎭國之寶。當時連極力支持子產的大夫子皮，都相信巫祝的話了。結果子產說：「天道遠，人道邇，非所及也，何以知之？」此時出現了一重要觀點，方才我們談到天是由主宰之天到自然之天，到物質之天，但人文化的結果，又把自然和人文關連起來，而子產則是將自然、人文區分爲天道、人道。

到孔子時，不但其學術思想影響中華文化兩千多年，就是他的宗教觀點或自然、天道的觀點，也影響中華文化很深。老實說，孔子是集中國古代人文主義大成的哲學家，理性主義和哲學發展的結果，免不了發展成自然主義、人文主義兩條路，不論是自然主義抑或人文主義，都是要擺脫神話的解釋系統，也多少是對宗教解釋的擺脫，擺脫並不是否定，因爲直到今天，自然還無法完全用科學來解釋，而留有宗教的餘地。雖然我們明白孔子關於天道、鬼神、宗教方面的基本看法，是一種人文主義，不是宗教主張的看法，但他還是未能採取全面否定的立場。所以在《論語・雍也》篇，孔子說：「敬鬼神而遠之，可謂知也。」「敬鬼神而遠之」，就語意分析上來看，他並未否定鬼神的存在，如果沒有鬼神，何必遠之呢？遠之，是希望我們不要那樣迷信，當時孔子也無法否定所有的宗教、神話，只是對這些我們不清楚的鬼神，大家敬拜是可以，但不要過於認眞。

然後在《論語・述而》篇中，孔子的學生形容老師是：「子不語怪、力、亂、神。」孔子敍述的，都是理性、人文的東西，不談所謂的怪、力、亂、神。我們補充一點做爲理論的解釋。人所從事的研究，大概可區分爲三種知識：第一種是人與超自然關係的知識。第二種是人與自然關係的研究。第三種是人與人關係的研究。研究學問就是研究事物的關係。研究第一種知識是宗教性的研究。研究第二種知識是自然科學。研究第三種是社會科學。套用剛才的說法，就是自然主義研究和人文主義研究，以及宗教的研究。「子不語怪、力、亂、神」，可看出孔子不重視人與超自然的研究。在「先進篇」說的更具體，子曰：「未能事人，焉能事鬼。」「未知生，焉知死」。人活著時，就當好好的過日子，死後如何，是以後的事，連活著時都弄不清楚了，怎麼會知死後如何呢？孔子不太注意死後的世界。

但所有的宗教都相當強調死後的世界，死後的永恒世界，尤其宗教所產生的倫理約束力，大都是用以約束死後的世界。如果死後不必「上刀山，下油鍋」，那我們信神拜佛所爲何來？歐洲人當年基督教的信仰和其道德是一致性的。因爲沒有上帝的約束力量，對於死後的世界不懼怕，便可無所不爲，所以十八世紀法國啟蒙運動大師伏爾泰對於中國文化推崇備至，因爲中國人可以不要有死後懲罰的上帝約束，而可以有道德，這是人的偉大，不是神的偉大。伏爾泰推動歐洲近代法國啟蒙運動，也是理性主義的啟蒙運動。所以最近有人謂中國缺乏理性，所以沒有現代化，其實這是錯誤的說法。

孔子當然是人文主義的理性主義者，所以「不語怪、力、亂、神」，「未知生，焉知死」，「未能事人，焉能事鬼」，子貢也說過：「夫子之文章，可得而聞也；夫子之言性與天道，不可得而聞也。」在此，天道有不同的解釋，孔子較少論主宰之天。如果是自然之天的話，則孔子哲學傾向於自然主義。子曰：「天何言哉，四時行焉，百物生焉，天何言哉。」一切事都是「四時行焉」，自然成長，可見孔子「天」的觀點是自然之天。孔子有沒有讓「天」有一點意志呢？《論語・八佾》篇中，王孫賈問孔子：「與其媚於奧，寧媚於竈，何謂也？」孔子回答：「不然，獲罪於天，無所禱也。」當時王孫賈是當權大夫，以這話來看，孔子多少有點主宰之天的觀念，但也並不是在強調「天」，從另一個解釋看，行事如不合乎天理，祈禱上天，也是沒有用的。可見「天」是理性的天，不是可被「享豐潔」就可以賄賂的「天」，人必須按照天理行事，違反了天理，再怎麼禱告都於事無補。綜括起來，孔子天的觀念，「命運之天」、「物質之天」是有的，「主宰之天」的意味很淡，義理之天尚未很強調。譬如，孔子講命運之天，「不怨天，不尤人。」後來儒家有二派，一派是孟子、《中庸》，一派是荀子、《禮記》這兩種系統。孟子和《中庸》所論的「天」，比較強調人文化的天。多少也沒有完全擺脫主宰之天的意味，但也含有物質之天的意思，譬如《孟子》裏講到：「天油然作雲，沛然下雨」，「天」顯然不是上帝，顯然是物質之意。《孟子．萬章》篇引孔子言：「天無二日，人無二君。」天沒有兩個太陽，此時天也顯指物質之天。《中庸》言「天之所覆」，「天」也是物質之「天」，孟子的「天」是人文化的天，大概是民本主義的自然之「天」。又譬如《中庸》上說：「仲尼祖述堯、舜，憲章文、武。上律天時，下襲水土。辟如天地之無不持載，無不覆幬。辟如四時之錯行，如日月之化明，萬物並育而不相害，道並行而不相悖，小德川流，大德敦化，此天地之所以爲大也。」這「天」顯然是講宇宙論。到了孟子、《中庸》時出現了義理之天，也就是哲學或倫理學的本體，譬如《孟子．離婁上》篇：「誠者，天之道也，誠之者，人之道也。」也就是以誠做爲本體，做爲哲學本體。而且《孟子．盡心》篇說：「聖人之於天道也」，聖人之道根據天道，天道變成一切倫理、宇宙、道德發生的本體及最後的根據。《中庸》上說：「思知人，不可以不知天。」如果想要了解人，就不能不知天，而且還說：「能盡物之性，則可以參天地之化育」。「化」是由大變小，「育」是由小長大，如果能把一切東西研究，則可參天地之變化，開始漸用天做為一個哲學本體的觀念。另外在《荀子》和《禮記》，也提到了義理之天，更重要的是《荀子》的「天論」。它在哲學史或思想史上重要在那裏？剛才提到「天」從神話到哲學理性主義，到分成自然主義和人文主義，但是人文化之後又和自然主義不易區分。子產說：「天道遠，人道邇。」希望區分出二者。也就是「上帝的歸上帝，凱撒的歸凱撒。」《荀子・天論》中最中心的宗旨，見於下面這段話：「天行有常，不為堯存，不為桀亡。應之以治則吉，應之以亂則凶。」「天」的運作有經常的規律，是自然存在的，不因堯了不起而存在，也不因桀暴虐，天就會塌下來，強調天道是一種不為人事不同而改變的自然規律。將天道和人道的關係區分清楚，這是中國古代科學思想的重要貢獻。

秦、漢以後，中國的天道觀，尤其是宋、明理學之後，比較傾向於孟子和《中庸》，較不強調荀子和《禮記》的系統。由於中國文化深受儒家影響，是比較人文化的文化，在此情形下對宗教有一定的尊重，但並不特別強調，尤其沒有絕對化。因為沒有絕對化，中國的宗教並不特別發達，除了道教假藉老子形成宗教外，中國後來的宗教如基督教、回教、佛教等基本上都是外來宗教，由於儒家思想的寬大容忍，信什麼教都有。

這樣的宗教信仰自由，卻是歐洲人花了一千多年的血淚代價才爭取得到的。歐洲人進入黑暗時期後，宗教的獨斷，對於異教徒的懲罰，才是絕對主義，甚至還有它宗教的理由。在羅馬廣場上，基督徒曾餵過獅子，等到基督教合法後，又將其他異教徒餵獅子。在歐洲史上，有過「政教合一」，有過宗教戰爭，以政治的權力進行宗教迫害的情事更是層出不窮。但是，在中國歷史上，除了偶然的「三武之禍」外，並無體制化的宗教迫害，中國的宗教也不發達，沒有絕對化。對外來的宗教兼容並蓄，並不介意，在民間有儒、釋、道三教同源的崇拜，臺灣民間還有儒、釋、道、耶、回的「五教至尊」。這是中國文化的偉大之處，也與中國的自然哲學和儒家的天道觀有關。

後記：本文爲一九八七年於弘化宗教研究中心之演講整理而成。

三、中國專制主義與韓非思想

要討論韓非法家思想，就不能不涉及中國古史分期的問題，而中國古史分期的問題，自三十年代「中國社會史論戰」起，又一直爭論不休。最近，大陸學者還有人在討論這個問題。

韓非應該是一個中國古代的古史分期論者。他把古代歷史分爲「上古之世」、「中古之世」、「近古之世」，另外，他又說：「上古競於道德，中世逐於智謀，當今爭於氣力。」（《韓非子・五蠹》）綜合他的說法：第一時期當爲夏以前的時期；第二時期當爲由夏至周；第三時期即他所處的「當今」。

以韓非所說的「上古之世」而言，韓非和我們的歷史知識一樣，都是根據傳說。二、三十年代的中國學者，受胡適的影響，總是以爲傳說不可靠，而將其否定。但是，根據許多西方學者對初民社會的研究，我們都發現這些初民社會的研究報告，有許多地方與中國古代傳說竟不謀而合，再從人類思想在基本上為主觀反映客觀而言，古代的傳說誠然是不可靠的，有迷信、渲染、臆測等等不合理的成分，但亦應有其反映的「原型」和合理的「核心」。所以，我一向認為，傳說中的中國古代社會應該是一種民族的「平等社會」，或者是馬克思所說的「原始共產社會」，並且，具有古代民主的性質。因此，「禪讓」的傳說雖非信史，也不是憑空杜撰的。

神農氏之後，發明了農業，農業生產方式之改變，必然影響到其他文化型態的變化。至大禹治水，除了疏導洪水外，我認為應該還有孔子所說「盡力乎溝洫」（《論語·泰伯》），也就是灌溉的問題，有了相當普遍和發達的農業後，才能分化出一批脫離生產勞動的統治階層，才有夏的建立。「夏」不但是一個政權的名稱，而且也成為古代中國人與別的民族區別的一個名稱。例如，春秋時代的管仲說「諸夏親暱」（《左傳·閔公元年》），又如孟子說「吾聞用夏變夷者」（《孟子滕文公上》）。

夏以後至周是韓非所分的第二個時期，這個時期到了西周已有成熟的宗法封建制度。宗法封建始於何時，許多學者也曾討論過，王國維的「殷周制度論」，當為經典之作。我以為，任何制度的形成當有其一定演變的過程，都不是突然出現。經過夏、商、周三代，許多氏族在相互兼併下消失了，天子則得以分封親戚為諸侯，至「武王克商，光有天下，其兄弟之國者十有五人，姬姓之國者四十人」（《左傳·昭公二十八年》），又至「周公兼制天下，立七十國，姬姓之國者四十人」（《荀子·儒效》）。

在這個時期內，屬於封建領主的「井田制」，應該是存在的，私田似乎也是存在的，但不是主要的。起初，周天子對諸侯有相當的權威，分封出去的諸侯也有相當的權力。但到了「當今」之世，周天子式微，諸侯取得空前的主權，而進入了古史的第三個時期。

宗法封建爲什麼會崩潰，這第三個時期爲什麼會出現？我們若從民生經濟的層面來考察，人口增加是一個原因。韓非也說到，「人之有五子不爲多，子又有五子，大父未死而有二十五孫，是以人民衆而貨財寡，事力勞而供養薄，故民爭。」（《韓非子・五蠹》）這是馬爾塞斯（T. R. Malthus 一七六六——一八三四）的理論在中國古代出現。

「鐵耕」應該也是一個重要的原因。人口增加卽勞動力增加；「鐵耕」是生產工具的改變，生產力的改變。新增加的勞動力和生產力投入農業生產而促進了私田的大量增加，漸漸取代以公田「井田制」爲主的生產制度了。到了西元前五九四年，魯國首先開始向私田徵稅（「初稅畝」）。

再者，封建領主的土地原來是不可以買賣的，買賣或出租也得向周天子報備允許，周天子還要派人監督交接。後來，周天子式微，領主的土地發生自由買賣，至少把一些沒有開闢的土地賣給別人去開闢，這又是私田的來源之一。

封建領主擁有公田「井田制」，是爲宗法封建制的經濟基礎，當時的孟子就意識到了這一點，所以說，「故善戰者服上刑，連諸侯者次之，辟草萊者次之。」（《孟子・離婁上》）「辟草萊」就是私田的開拓。

班固更清楚的說出：「及秦孝公用商君，壞井田、開阡陌，急耕戰之賞，雖非古道，猶以務本之故，傾鄰國而雄諸侯。然王制遂滅，僭差亡度。庶人之富者累鉅萬，而貧者食糟糠；有國彊者兼州域，而弱者喪社稷。」（《漢書・食貨志上》）「王制」是指宗法封建制，「庶人」是指私田制下所產生的富農。

由於私田制出現，改變了生產制度，因此，建築在原來公田制生產制度上的宗法封建制也開始改變了。各諸侯國直接向私田主徵稅，漸漸的把權力集中到國君手裏，而削弱其封建領主，終於公佈法出現（536B.C.）。

公佈法出現的主要意義有：晉大夫叔向所說，「民知有辟，則不忌於上，並有爭心，以徵於書。」（《左傳・昭公六年》）杜預注曰：「權移於法，故民不畏上。」「書」指公佈法的「刑書」。

叔向所說的「上」指誰？孔子也說過：「民在鼎矣，何以尊貴，貴何業之守？」（《左傳・昭公二十九年》）「鼎」是「刑鼎」，也是公佈法。「書」、「鼎」的公佈法出自國君，「以徵於書」或「民在鼎矣」，就應當不指國君，因此，「上」或「貴」所指者當爲封建領主的貴族。

公佈法的出現，漸漸剝奪了封建領主的權力，權力向代表國君權威的公佈法集中。

另外，宗法封建本身的發展，也成為宗法封建崩潰的原因，從以氏族為基礎的「先王以建萬國，親諸侯」（《易經・比卦・繫辭》），到周的「封建親戚，以屏藩周」（《左傳・僖公二十四年》），不斷的「封建親戚」，使得周天子自己的領域，愈來愈小。東遷後，更是式微，甚至連一個普通的諸侯國都比不上了，又如何號令天下。

諸侯國內的分封也有這種情形，各國的大夫勢力大過於公室。如魯有季孫、孟孫、叔孫三氏；晉有范、智、中行、韓、趙、魏六卿。

由於國君要直接取得田地的稅賦，並避免削弱自己而讓封建領主坐大，漸漸不再分封，除了對私田「初稅畝」外，並在春秋時代出現了由國君直轄的「縣」，如，晉破百狄以「先茅之縣賞晉臣」（《左傳・僖公三十三年》）；楚破陳申叔責其「今縣陳，貪其富也」（《左傳・宣公十一年》）。

「初稅畝」、公佈法和「縣」的出現，國君的權力開始由經濟、法律、行政三方面集中了。尤其，有了公佈法才有先秦的「刑名之學」，才有法家。

這種當今之世是什麼世？郭沫若認為是奴隸社會到封建社會；范文瀾認為是領主封建到地主封建。他們理論的是非，我不在這裏分析和批評，我只願從實際的中國古代社會來考察。韓非所說的「當今」，應為私田制漸形取代「井田制」或公田制，由中央集權的專制主義取代了宗法封建。

簡單的來說，韓非法家思想事在於結束宗法封建，在理論上說明了專制的中央集權之可能，用法治來代替「封建諸侯，以屏藩周」的統治。

在哲學上，我同意司馬遷所說，韓非「喜刑名法術之學，而其歸本於黃老」（《史記・老子韓非列傳》）。並且，《韓非子》一書有「解老」「喻老」二篇，雖然胡適和容肇祖認爲這二章非韓非所著，亦非韓非思想，但胡容二氏的論證是不可靠的。

我認爲，韓非採取了老子「道」的客觀主義，是謂「虛無服從於道理」（《韓非子・解老》），以作爲其專制主義必然的哲學基礎。另一方面，韓非採取了老子哲學的辯證法。在方法論上，韓非還提出了「形名參同」（《韓非子・立道》）或「循名實而定是非，因參驗而審言辭」（《韓非子・姦刼弑臣》）。

韓非把「道」的客觀主義運用到他的任勢論中，例如他說：「千鈞得船則浮，錙銖失船則沉，非千鈞輕錙銖重也，有勢與無勢也。故短之臨高也以位，不肖之制賢也以勢。人主者，天下一力以共載之，故安，眾同心以共立之，故尊。」（《韓非子・功名》）又說：「故得天時不務而自生，得人心則不趣而自動，因技能則不急而自疾，得勢位則不進而名成，若水之流，若船之浮，守自然之道，行毋窮之令，故曰明主。」（同前引）

「若水之流，若船之浮」是自然之「道」。也是「有勢與無勢」的「勢」。在「烏獲輕千鈞而重其身，非其身重於千鈞也，勢不便也。離朱易百步而難眉睫，非百步近而眉睫遠也，道不可也。」（《韓非子・觀行》）中，我們也可以知道，韓非所說「勢」其實就是「道」。所以，韓非一方面說「明君操權而上重」（《韓非子・心度》）。一方面也說「明君貴獨道之容」（《韓非子・揚權》）。這也就是說，明君要獨自掌握「道」的權勢，那麼專制主義就有其「道」的必然性。

韓非沒有認爲「勢」只是一種「自然之道」，所以在「自然之勢」外，他還提出了「人設之勢」批判了愼道機械主義的「自然之勢」（《韓非子・難勢》）。

「人設之勢」也就涉及了法術問題。韓非有言：「國者君之車也；勢者，君之馬也。無術以禦之，身雖勞猶不免亂，有術禦之，自處佚樂之地，又致帝王之功也。」（《韓非子・外儲說右下》）「若水之流，若船之浮」是「勢」，但也是「法術賞罰」，他說：「治國之有法術賞罰，猶若陸行之犀車良馬也，水行之有輕舟便楫也，乘之者遂得其成。」（《韓非子・姦劫弑臣》）這種作爲「勢」的「法術賞罰」，不是自然而有的，而是人之所設的。

法術和「道」也是密切相關的，並且也必須是根據「道」的，那就是「以道爲常，以法爲本」（《韓非子・飾邪》），又言：「明主使民飾於道之故，故佚而有功。」（同前引）從「勢」來看，法術均爲專制統治的「人設之勢」，若從「術」來看，法則爲專制統治之「術」。

要完成專制集權，必須削除封建的親戚，所以，韓非所主張的「法」是要「不辟親貴，法行所愛」（《韓非子・外儲說右上》），或「法不阿貴，繩不撓曲」（《韓非子・有度》）的。在極積方面，「法」要達到的目的則爲「法審則上尊而不侵，上尊而不爭則主強。」（《韓非子・

有度》）。

「法」爲什麼可以成爲專制統治的工具？那就是因爲「法」合乎了「道」。「法」是統治人的，人的「道」就是人性或人情，所以，韓非說「凡治天下必因人情，人情者有好惡，故賞罰可用。」（《韓非子・八經》）。

人情的好惡又是什麼？在這一點上，韓非似乎與蘇格拉底、快樂主義及近代霍布斯功利主義有相同的主張。他認爲，人生而是好利避害的，所以，專制統治的法治必須滿足人們的此一人性，以達到統治的目的。反言之，「利所禁，禁所利，雖神不行；譽所罪，毀所賞，雖堯不治。夫爲門而不使入，委利而不使進，亂之所以產也。」（《韓非子・外儲說右下》）

由於「法」是要合乎「道」的，所以，先秦法家視「法」爲一種治國的客觀標準，而有言「君臣上下貴賤皆從法」（《管子・任法》）。韓非亦言：「矯上之失，詰下之邪，治亂決繆，絀羨齊非，一民之軌，莫如法。」（《韓非子・有度》）

因爲人性是好利避害的，爲了個人的利害，人與人之間就會發生衝突和鬪爭。因此，韓非不相信也不企求人臣對人主的忠心。同樣地，他不相信也不企求人主對人臣的慈惠。他還引用黃帝的話說：「上下一日百戰。」（《韓非子・揚權》）在《韓非子》一書中，充滿了這種君臣鬪爭的觀點，但是，國君又不能不利用這些會和他「一日百戰」的臣下爲他統治國家。如何統御這批臣下，所以，韓非說：「術者，藏之胸中，以偶衆端，而潛御羣臣者也。」（《韓非子・難三》）

一般學者如熊十力、蕭公權都認爲韓非所講的「術」只是御臣之「術」，但經過分析，韓非所說的「術」，另外還包括立法之術、執法之術和外交之術。

韓非所說的「術」也必須是要合乎「道」和合乎「人情」的，以立法之術而言，那就必須「設民之所欲以求其功，故爲爵祿以勸之；設民之所惡以禁其姦，故爲刑罰以威之」（《韓非子・難一》），而且，還要「立可爲之賞，設可避之罰」（《韓非子・用人》）。

以執法之術言，韓非主張的賞罰，「賞罰不阿」、「賞罰無私」，以建立法治的威信。此外，還必須「名刑相當」，要做到法律的公正和確實，要如何賞罰和「名刑相當」，那就必須人主要有一套「知姦」之術，「知姦」也是御臣之術所必須的。

戰國末期，韓國已處於削亡的弱勢，韓非堅持內政爲決定外交的基本原則，在外交之術的運用上，他反對所謂的連橫或合縱，而主張「明主堅內政不外失」。（《韓非子・飾邪》）

爲了「知姦」，韓非還發展了一套知識論的體系。

他認爲正確的知識當起自於感官經驗，所謂「酸甘鹹淡，不以口斷而決於宰尹，則厨人輕君而重宰尹也；上下清濁，不以耳斷而決於樂正，則瞽工輕君而重樂正矣。……人主不親觀聽，而制斷於下。」（《韓非子・八說》），這段話的原意雖強調國君必須集權，但也表明了正確的知識當來自「親觀聽」，否則就不利於國君的正確判斷。

國君個人的「親觀聽」畢竟是有限的，而國君治理的又是全國，要知全國之姦，那就必須「

以一國之目視，故視莫明焉；以一國之耳聽，故聽莫聰焉。」（《韓非子・定法》）「目視」和「耳聽」還是感官經驗的「親觀聽」，要如何能保證別人的「親觀聽」能正確無誤的成爲國君的「親觀聽」，那就必須「循名實而定是非」或「考實按形」（《韓非子・外儲說左上》）。這就涉及到了知識證明的方法問題了，否則，國君就無以判斷臣下提供給他的「親觀聽」是否正確。

知識的證明必須要經過實驗的檢證。例如，劍的利鈍要由「水擊鵠雁，陸斷駒馬」的實驗來證明；馬的駑良要由「授車就駕而觀其末塗」來證明；士的愚智要由「試之官職，課其功伐」來證明。（《韓非子・顯學》）這就是他所說的「因參驗而審言辭」。沒有經過「參驗」的知識，只是「前識」，是無緣而妄意度的，卽使猜對了，也不過是「愚之首也」。（《韓非子・解老》）

韓非說過：「言無端末，無所驗者，此言之責也。」（《韓非子・南面》）「無所驗者」指「參驗」。除了「參驗」外，還必須言有「端末」。「端末」就是「使人臣前言不復於後，後言不復前」（同前引）。這就是說，「前言」和「後言」必須有邏輯的一致性，否則就是「矛盾」。在「難一」和「難勢」二篇中他都提到了「以子之矛陷子之楯」的故事，「矛盾」的理論，在知識上也是無效的。

另外，他還怕被人「壅塞」，而警告國君「觀聽不參，則誠不聞；聽有內戶，則臣壅塞」（《韓非子・內儲說上》）。爲了不被「壅塞」和不被「詐欺」，他還說：「明君之道，賤得議貴，下必坐上，決誠以參，聽無門戶，故智者不得詐欺。」（《韓非子・八說》）

有了這套知姦之術，乃是「明主者，使天下不得不爲己視，天下不得不爲己聽，故身在深宮之中，而明照四海之內」（《韓非子・姦劫弑臣》）。有了「明照四海之內」的聰明，加上法術的適用和國君的權勢，來控制一批治理國家的幹部，那麼國君就只需要「寄治亂於法術，託是非於賞罰，屬輕重於權衡」（《韓非子・大體》），這就是「無爲」，也就是「舍己能，而因法數，審賞罰」。（《韓非子・有度》）法家所講的「無爲」，乃是合乎「道」的「法」來控制臣下，國君則「佚而有功」。

宗法封建制是建立在「封建親戚，以屏藩周」之上，而韓非論證了專制主義的政權，不必「封建親戚」，卽可「獨制四海之內」，且「以法治國，舉措而已矣」，「故治不足而日有餘」（《韓非子・有度》）。

中國的專制主義到了韓非，才有了成熟的理論，而揚棄了宗法封建。秦始皇則爲此一理論的實踐者。

秦始皇實踐了法家思想，完成了中國的統一，建立了一個中國的專制帝國，也在實踐中暴露了專制主義的局限性，以至秦帝國二世而絕。可見霸道是不得人心的。

歷史的發展總是一個「因益損革」的辯證過程，漢初有與民休息的「黃老之治」以濟秦法之酷烈，但「黃老之治」基本上還是專制主義的，至漢武帝「罷黜百家，獨崇儒術」的董仲舒卻也主張「陽爲德，陰爲刑」（《漢書・董仲舒傳》）。漢宣帝甚至明講：「漢家自有制度，霸王道雜之，奈何純任德教，用周政乎！且俗儒不達時宜，好是古非今，使人眩於名實，不知所守，何足委任！」（《漢書・元帝紀》）「德」和「王」是儒家的主張，「刑」和「霸」是法家的概念。可見，法家思想後來雖然被「陽德」所掩蓋，但是「陰刑」仍然是存在的，尤其是制度的專制主義，直到辛亥革命才被推翻，但純粹法家霸道的專制主義畢竟不再了。

秦統一了中國才有漢民族的完成，但中國人不喜歡秦專制主義的酷烈，因此，後世的中國人都自稱「漢」而不稱「秦」。可是，專制主義的殘餘，至今不能在中國完全清除，以致辛亥革命之後還有毛澤東和「四人幫」，「四人幫」之後，中國人民也在積極的發揚民主，清除專制主義的殘餘。

但從辯證的觀點來看韓非法家思想，他完成了專制主義的理論體系，由秦始皇和李斯的實踐，統一了中國，締造了漢民族，再由漢襲秦制，二千多年來中國的政治體制並沒有什麼基本上的改變，我們不否認商鞅變法的法家之政曾有過「秦民大悅」（《史記・商君列傳》）的歷史事實，我們也不抹煞韓非主張法家思想的「利民萌，便庶眾」（《韓非子・問田》）的偉大抱負，秦以後，二千多年在專制主義下的中國，也曾經創造過人類偉大的文化。但是，是歷史的畢竟要歸於歷史，韓非法家的專制主義終必爲中國人民所揚棄，但是，其思想的合理的核心，則將成爲人類共同的文化財產。

四、中國知識份子的形成及其性格

——講於北京臺灣同學會「海峽兩岸學術討論會」

一

知識份子是由社會和歷史所產生的，所以要談中國知識份子的形成，也必然要涉及到中國社會史，但中國社會史及其分期問題，自本世紀三十年代的「中國社會史論戰」以來，又是衆說紛紜。今天不是要來討論這個問題，或「成一家之言」，只是爲了討論方便起見，我把近代西潮東來以前的中國社會分爲三個時期。

一、原始公社時期，或原始共產社會，生產力極爲低落，各人的勞動能夠養活自己及親屬就不錯了，社會內部是平等的，也是民主的。

二、是宗法封建社會，范文瀾或稱之爲「領土封建」，也許我與其他學者不同，我認爲「宗法封建」當從夏逐漸開始，到西周完成。在政治上是階層的分封制，在土地制度方面實行公有的井田制度。

三、是前資本主義時期，或范文瀾所稱的「地主封建」，從戰國時期到秦漢完成，在農業生產上是私有的小農制，有手工業生產，商業資本，政治上是中央集權的專制主義。

原始公社是一種「平等社會」(equalitarian society) 而具有「古代民主」的性質，弗瑞德 (John Friedl) 在其所著《人類標本》(*Human Portait*, 1981) 中描述這種原始社會說：

> 「在這樣一個團體中，所有的份子在基本上是平等的。這並不是說他們之間是沒有區別，每一個分子是按照他（或她）打獵、說故事、醫療或其他身份的技巧而分級的。但當決定一做成，便可影響大家團結一致，他們是基於共識，而非由於有力的國王或首領的強制。合作是保證生存的最佳之道。如果一個獵人成功了，他會把獵獲物分給團體中的其他分子。因爲他知道，他也有匱乏的時候會來到，屆時其他的人也會分給他。這種合作的形式不僅影響著食物的分配，且涉及所有權本身的概念。這種遊獵氏族（band）的資源是平等的屬於每一個人的，也是由大家共同分配的。在這麼一個社會中，如果有領袖的話，其地位是基於個人的能力和其他成員的尊敬。這種領袖們不能將自己的所欲強制團體中的其他人和反對彼等的意志。他們一定要獨行其是，則將可能失去領袖的地位。」

這項現代人類學的研究報告，也正好和中國古代的傳說相脗合。例如：

> 「上古之世，人民少而禽獸眾，人民不勝鳥獸龍蛇。有聖人作，構木爲巢，以避羣害，而民說之，使王

天下，號曰有巢氏。民食果蓏蚌蛤，腥臊惡臭，而傷害腸胃，民多疾病。有聖人作，鑽燧取火，以化腥臊，而民說之，使王天下，號曰燧人氏。」（《韓非子・五蠹》）

「古者包羲氏之王天下也，仰則觀象於天，俯則觀法於地，觀鳥獸之文，與地之宜，近取諸身，遠取諸物，以通神明之德，以類萬物之情。作結繩而爲網罟，以佃以漁，蓋取諸離。包羲氏沒，神農氏作，斲木爲耜，揉木爲耒，耒耨之利，以教天下，蓋取諸益。日中爲市，致天下之民，聚天下之貨，交易而退，各得其所，蓋取諸噬嗑。」（《易・繫辭傳下》）

在這樣的社會中可能連文字都沒有，無法有效的累積知識，又遑論知識份子的出現。

二

中國歷史進入了宗法封建之後，「古代民主」的遺風猶存，由於農業生產力的提高而建立了「夏」的國家，並且也出現了「士」——中國知識份子的「原型」。例如：

「黃帝立明臺之議者，上觀於賢也。堯有衢室之問者，下聽於人也。舜有告善之旌，而主不蔽也。禹立諫鼓於朝，而備訊唉。湯有總街之庭，以觀人誹也。武王有靈臺之復，而賢者進也。」（《管子・桓公問》）

「吾聞古之王者，政德既成，又聽於民，於是乎使工誦諫於朝，在列者獻詩勿使兜，風聽臚言於市，辨祆祥於謠，考百事於朝，問謗譽於路，有邪而正之，盡戒之術也。」（《國語・晉語六》）

「禹之時以五音聽治，懸鐘、鼓、磬、鐸、置鞀以待四方之士。爲號曰：敎寡人以道者擊鼓，諭寡人以義者擊鐘，告寡人以事者振鐸，有獄訟者搖鞀。」（《淮南子・氾論訓》）

「故天子聽政，使公卿至於列士獻詩，瞽獻曲，吏獻書，師箴，瞍賦，矇誦，百工諫，庶人傳語，近臣盡規，親戚補察，瞽、史敎誨，耆、艾修之，而後王斟酌焉，是以事行而不悖。」（《國語・周語上》）

「堯有欲諫之鼓，舜有誹謗之木，湯有司過之士，武王有戒愼之鞀。」（《呂氏春秋・自知》）

這些傳說的記載，明顯的說明了逐漸進入宗法封建之後，仍有古代民主的遺風，或「文化殘餘」。「士」雖是最低級的貴族，但也是參與統治，即「天子聽政」的。

特別值得注意的是，「士」在統治階級中所扮演的角色竟是「列士獻詩」及「湯有司過之士」。

「詩」是古代的民歌或民謠，也就是一種民意的表達。據說古代有「采詩之官」，特別蒐集各地的民意以爲施政的參考。「司過」就是負責批評朝政的得失。因此，「士」在中國歷史上剛出現就被賦予了「獻詩」和「司過」的性格，也就是「反映民意，批評朝政」。

另外一方面，由於「士」是統治階級的一部份，不是被壓迫的被統治階級，所以「士」的進步性也僅止於「反映民意，批評朝政」，是改良主義，而不太可能成爲「革命派」。

范布倫（T. B. Veblen, 1857-1929）在《有閒階級論》（*The Theory of The Leisure Class*）一書中強調：人類的文學、藝術、哲學及一切的高級知識乃來自「有閒階級」需要，即

一羣可以不必爲自己的生活資料而投入勞動生產的人。孔子也說過：「行有餘力則以學文。」（《論語・學而》）

「士」是貴族，可以不必爲生活資料勞動生產，所以，他們也正是「行有餘力則以學文」的「有閒階級」，他們學習了文化，掌握了文化，也創造了古代中國的文化。

三

宗法封建至春秋戰國，古代社會發生了重大的「社會變遷」（social change），在這變遷中出現了先秦諸子，先秦諸子對「士」的「理想型」的鑄造，給予了後代中國知識份子重大的影響。

宗法封建的崩潰在經濟上與人口的倍增及生產工具的改變有關。「鐵耕」的逐漸普遍，使原來需要大量集體勞動力才能開闢的土田，私人也有能力開闢了。「鐵耕」後，剩餘的勞動力自然出現，又人口倍增，更有了剩餘的勞動力。剩餘勞動力的出路，除了農業生產的「辟草萊」外，也朝向商業和手工業發展。

在政治上，宗法封建的發展，周天子的領地愈封愈小，不再有控制各「國」的力量；「國」內的分封亦如此，國君無力駕御各大夫家；在最低層的貴族「士」，也與一般平民沒有什麼區別了。

又由於私田制、商業和手工業的出現，一些新興的私田主、商業和手工業業主，也漸漸可以脫離了直接的勞動生產，也「行有餘力」，而爭相爲學，學習文化，掌握文化，進而也有了管理國家機器的能力。

再由於「英雄五霸鬧春秋」，諸侯間相互攻伐兼併，而需才孔急。於是，能掌握文化，有管理國家機器能力的平民也被吸收到統治階級，而出現了「布衣卿相」的局面。進而更帶動了私人講學。孔子除了首開私人講學之風外，還有一大貢獻，就是整理古代文化，成爲知識份子學習文化的教材。於是，原來的貴族「士」更和新興的「有閒階級」的平民打成一片了，孔子的學生中，只要「束脩以進」，也有各色人等。

當時的私人講學，讓「有閒階級」的平民有學習文化的機會，其主要的社會功能還是爲統治階級培養和輸送幹部的。所以，孔子說：「學而優則仕。」（《論語・子張》）「耕也，餒在其中矣。學也，祿在其中矣。」（《論語・衞靈公》）如果沒有「祿」和「仕」的鼓勵，當時的私人講學是否可能，就不得而知了。

孔子的這種說法，絕不是孤立的，而是當時的「潮流」。例如：「士朝受業，晝而講貫，夕而習復，夜而計過無憾，而後卽安。……君子勞心，小人勞力，先王之訓也。」（《國語・魯語下》》「君子勞心，小人勞力，先王之制。」（《左傳・襄公九年》）「勞心者治人，勞力者治

於人。」（《孟子・滕文公上》）

我引述這些材料絕不是來爲勞心勞力作「階級復辟」，而只是要科學的解釋古代中國知識份子形成的社會因素。何況今天中共也將知識份子定性爲「無產階級」，視勞心爲勞動的一種形式。

四

孔子整理古代文化，開啓私人講學，並且批判的繼承了「士」的古代民主的傳統。孔子繼承了古代民主的傳統表現在他對「詩」的立場和態度。

「詩」是一種民意的反映，經常是「上以風化下，下以風刺上。主文而譎諫，言之者無罪，聞之者足以戒。」（《毛詩・序》）故言「古者有采詩之官。王者所以觀風俗，知得失，自考證也。」（《漢書・藝文志》）及「命太師陳詩以觀民風」（《禮記・王制》）。

孔子除了親自編輯過「詩」外，茲將其論及「詩」的言論摘錄於下：

子曰：「詩三百一言以蔽之，曰：『思無邪』。」（爲政）

子所雅言：詩、書、執禮皆雅言也。（述而）

子曰：「興於詩，立於禮，成於樂。」（泰伯）

子曰：「誦詩三百；授之以政，不達；使於四方，不能專對；雖多，亦奚以爲？」（子路）

子曰：「小子！何莫學夫詩？詩可以興，可以觀，可以羣，可以怨；邇之事父，遠之事君，多識於鳥獸草木之名。」（陽貨）

孔子以「思無邪」和「雅言」來推崇「詩」，亦卽推崇民意。並且，認爲「詩」是一切禮樂、爲政及爲人處世的基本。以「詩」作爲爲學基本的立場，孔子的兒子伯魚曾有生動的描述如下：

陳亢問於伯魚曰：「子亦有異聞乎？」對曰：「未也。嘗獨立，鯉趨而過庭，曰：『學詩乎？』對曰：『未也。』『不學詩，無以言。』鯉退而學詩。他日又獨立，鯉趨而過庭，曰：『學禮乎？』對曰：『未也。』『不學禮，無以立。』鯉退而學禮——聞斯二者。」陳亢退而喜曰：「問一得三：聞詩，聞禮。又聞君子之遠其子也。」（季氏）

孔子以「詩」（民意）爲一切知識（禮樂）的根本，還可見於他二次與弟子「始可與言詩」的對話中——

(1)子貢曰：「貧而無諂，富而無驕，何如？」子曰：「可也。未若貧而樂道，富而好禮者也。」子貢曰：「詩云：如切如磋，如琢如磨，其斯之謂與。」子曰：「賜也。始可與言詩已矣。告諸往而知來者。」（《論語・學而》）

(2)子夏問曰：「巧笑倩兮，美目盼兮，素以爲絢兮，何謂也？」子曰：「繪事後素。」（子夏）曰：「

禮後乎？」子曰：「起予者商也，始可與言詩已矣。」（《論語・八佾》）

孔子爲什麼會這麼重視「詩」，而在其教導學生的課程中列爲第一優先。實因「學而優則仕」，而「仕」必須了解民意。

另外，還有二件事例可以理解孔子對古代民主思想的承繼。

(1)「國人謗王」，周厲王使衞巫監謗，三年乃「流王於彘」（《國語・周語上》），雖未能有孔子對此事件直接評論的記錄，但他在以禮評周的歷史發展時說：「我觀周道，幽厲傷之！」（《禮記・禮運》）

(2)子產不毀鄉校，開放國人批評朝政的言論自由，孔子評之曰：「以是觀之，人謂子產不仁，吾不信也。」（《左傳・襄公三十一年》）及子產死，子曰：「古之遺愛。」（《史記・鄭世家》）

五

孔子一方面繼承了貴族「士」的古代民主傳統，另一方面，又爲後代庶民「士」建立了「理想型」的規範。

孔子要求人以「道」自居，以「君子」自居，並所謂「士志於道，而恥惡衣惡食者，未足與議也。」（里仁）或「君子之於天下也，無適也，無莫也，義之與比。」（里仁）君子「憂道不憂貧」（衞靈公），故曾子曰：「士不可以不弘毅，任重而道遠。仁以爲己任，不亦重乎？死而後已，不亦遠乎？」（泰伯）

這也就是說，知識份子必須是以「道」、「仁」、「義」爲理想而奮鬬，並不是把個人的富貴榮華作爲人生目標。而富貴榮華一向是緊貼政權的，由於孔子對「士」所立下的道德規範，使得後代中國知識份子在理想上和道德上不可以離開「道」而和政權結合；反倒是，爲了理想和道德的滿足，知識份子只能堅持「道」而與政權疏離。

孟子在孔子之後，進一步的強化了「道」，爲中國知識份子樹立了獨立政權之外的道德規範，進而與政權的勢力分庭抗禮。例如：

(1)「士何事？」孟子曰：「尙志。」曰：「何謂尙志？」曰：「仁義而已。」（盡心上）

(2)孟子言「古之賢士」爲「樂其道而忘人之勢，故王公不致敬盡禮，則不得亟見之。」（盡心上）

(3)「吾楚之富不可及也，彼以其富，我以吾仁；彼以其爵，我以吾義，吾何慊哉！」（公孫丑下）

(4)「以位，則子君也，我臣也，何敢以君友也；以德，則子事我者也，奚可與我友。」（萬章下）

(5)孟子並斥公孫衍、張儀爲「以順爲正，妾婦之道。」（滕文公上）

雖然孔子爲「士」在政權之外建立了一個獨立的「志於道」的規範，但是這種獨立的「志於道」，並不具有推翻現實政權的意義在內，而只是消極的不參與政權爲惡。例如：

「天下有道則見，無道則隱。」（泰伯）

「邦有道不廢，邦無道免於刑戮。」（公冶長）

「邦有道則知，邦無道則愚。」（公冶長）

「邦有道，貧且賤焉，耻也。邦無道，富且貴焉，耻也。」（泰伯）

「直哉史魚，邦有道如矢，邦無道如矢。君子哉蘧伯玉，邦有道則仕，邦無道則可卷而懷之。」（衞靈公）

在面對著無道政權的態度上，孟子的思想顯然比孔子來得激進。例如：

齊宣王問曰：「湯放桀，武王伐紂有諸？」孟子對曰：「於傳有之。」曰：「臣弑其君可乎？」曰：「賊仁者，謂之賊，賊義者，謂之殘；殘賊之人謂之一夫。聞誅一夫紂矣。未聞弑君也。」（梁惠王下）

由於志於「道」，志於仁義，孔孟爲後代知識份子建立了獨立於政權之外的傳統，亦卽道統。從此，中國知識份子「理想型」的性格乃是，有機會從政，則借政權行「道」於天下，澤加於民，「兼善天下」；沒從政行道的機會，則「獨善其身」，或士風崢嶸亦不免於成仁取義者。

秦漢專制時期以後的「士」多來自地主階級，也包括中小地主、自耕農和「以末（商）致富，以本（農）守之」的商人。

另一方面，帝國需要大量的統治幹部，或需培養統治幹部。以漢宣帝「減政」後，漢哀帝建平二年（B.C. 5）的統計，從吏員至丞相，共十三萬二百八十五人。由此可見，政權統治對「士」的依賴。

漢武帝就嘗對公孫弘言：「守成尙文，遭遇右武，……朕宿昔庶幾獲承尊位，懼不能寧，惟所與共爲治者，君宜知之。」文彥博亦曾對宋神宗言：「陛下惟與士大夫治天下也，非與百姓治天下也。」「惟所與共爲治」及「惟與士大夫治天下」，在在都說明了統治當局自覺政權對知識份子的依賴關係。

唯知識份子出身於地主階級，又土地私有制，故其有一定的經濟獨立性，而不必然依賴政權生活。所以陶淵明可以「不爲五斗米折腰」、「田園將蕪胡不歸」。

漢代開始尊孔子爲「素王」，形成了道統淸議。尊孔的理由固然有文化傳承（孔子是古文化的整理者），亦有現實因素，卽孔孟言必稱古代民主的堯舜，在精神思想上對專制有制衡作用。科舉以後，職業性的書院發展起來，不仕的知識份子亦有出路，並且以學校爲其集中之點。所以，專制時代的政權與知識份子的關係可謂「既團結又鬪爭」。

秦「焚書坑儒」摧殘戰國以來的知識份子。漢襲秦制，亦專制酷烈。即使在被稱道的「文景之治」中，亦有晁錯被戮，董仲舒亦險遭殺身之禍。至武帝時，公孫弘不過「曲學阿世」。「西漢文章兩司馬」，然司馬遷遭宮刑，司馬相如以賦名世，唯皆「五柳先生」、「烏有之鄉」之類。

至東漢，士風激烈，而遭「黨錮之禍」，「朝中善類爲之一空」，接著而有魏晉南北朝四百年的動亂，人口銳減，甚至倒退到封建的公田制，只有清談。

到了唐代，開科舉，寒門子弟得以進仕，有韓愈出，再振道統士氣，韓愈在中國知識份子史或道統史上的地位，可以宋人蘇東坡「潮州韓文公廟碑」說明之——

> 「自東漢以來，道喪文弊，異端並起，歷唐貞觀開元之盛，輔以房杜姚宋而不能救，獨韓文公起布衣，談笑而麾之，天下靡然從公，復歸於正，蓋三百年於此矣，文起八代之衰，而道濟天下之溺，忠犯人主之怒，而勇奪三軍之帥，此豈非參天地，關盛衰浩然而獨存者乎。」

「文起八代之衰」，指東漢以後文風萎靡士風不振，而由韓愈振作之。「道濟天下之溺」乃是指韓愈「上宰相書」所言：「遑遑乎四海無所歸，恤恤乎饑不得食，寒不得衣，濱於死而益固，……悼本志之變化，中夜涕泗交頤。」近人或非薄韓愈的「文以載道」，殊不知「文以載道」

的「道」就是「道濟天下之溺」的「道」，也就是「人溺己溺」之「道」。「忠犯人主之怒」指韓愈以「諫迎佛骨表」批評唐憲宗的宗教迷信，幾遭殺身之禍，而被貶於潮州。「勇奪三軍之帥」則指韓愈平「鎮州之亂」。

「道濟天下之溺」表示韓愈敢於反映民意；「忠犯人主之怒」表示了敢於批評朝政；這正是回到了中國知識份子的道德傳統。唐亦發生「牛李黨爭」。中國知識份子道統與政權的矛盾，實與中國知識份子在歷史上形成的性格有關。

七

宋明二代是中國哲學再造高峰的時代，也是知識份子道統高揚的時代，知識份子運動頻繁，亦甚慘烈。陸游（放翁）有詩云：「士氣崢嶸未可非，人才披靡方當慮。」茲特以放翁爲一「反面教材」來說明當時「士氣崢嶸」的一斑。被梁任公稱爲「亘古男兒一放翁」的陸游，在《宋史》的傳中竟云：

「游才氣超逸，尤長於詩。晚年再出，爲韓侂胄撰《南園》、《閱古泉記》，見譏清議。朱熹嘗言其能太高，迹太近，恐爲有力者所牽挽，不得全其晚節。蓋有先見之明焉。嘉定二年卒，年八十五。」

「見譏清議」、「不得全其晚節」，已不僅止於「一字之貶嚴如斧鉞」而已了。以如此嚴厲之辭評放翁是否公允，宋人葉紹翁曾道出原委謂：

「先是，以慈福賜韓（侂胄）以南園，韓求記於公，公記云：『天下知公之功，而不知公之志，知上之倚公，而不知公之自處。』『公之自處』與『上之倚公』，本自不侔，蓋寓微詞也。又云：『游老，謝事山陰澤中，公以手書來曰：「子爲我作南園記。」』豈取其無諛言，無侈辭，足以導公之志歟！』公已賜丙第，人謂公探孝宗恢復之志，故作爲歌詩，以恢復自期。至公之終，猶留詩以示其家云：『王師剋復中原日，家祭毋忘告乃翁。』則公之心，方暴白于易簀之時矣。」

《四庫全書》別集類提要，亦因此事爲放翁有所辯解云：

「史稱游晚年再出爲韓侂胄撰《南園》《閱古泉記》，見譏清議，今集中凡與侂胄啟，皆諱其姓。但稱曰丞相，亦不載此二記。惟葉紹翁《四朝聞見錄》，有其全文。晉爲收入逸稿。蓋非游之本志。然足見愧詞曲筆，雖自刊除，而流傳記載。有求其泯沒而不得者。是亦足以爲戒矣。」

我以放翁之事爲「反面材料」絕無苛責之意，而是要說明，傳統知識份子的道統清議獨立於政權之外的實況，在這樣嚴格的道統清議之下，中國文化的道德精神才能在強大的政治壓力下得以保全和延續。

明代，魏忠賢當道，權傾朝野，然天下之是非在東林。時朝廷派王錫爵前往調護（溝通），語顧憲成曰：「當今所最怪者，廟堂之是非，天下必欲反之。」然顧憲成卻答曰：「吾見天下之是非，廟堂必反之耳。」當然，溝通不成，遂有東林之禍。爾後，士氣墮落，故朱舜水云：「明亡於士大夫之無恥。」而士大夫知識份子之無恥，乃是由於道統清議之亡。又顧亭林言：「天下風俗最壞之地，清議尚存，猶足維持一二，至於清議亡而干戈至矣。」

感於亡國之痛，黃宗羲（梨洲）開始了「改革體制」的思考，大事批判家天下的專制主義乃是「我以天下之利盡歸於己，以天下之害盡歸於人。」「屠毒天下之肝腦，離散天下之子女，以博我一人之產業。」「爲天下之大害者，君而已矣。」

並且，他以古代民主立論謂「三代以上有法，三代以下無法」而言：

「三代之法，藏天下於天下者也。山澤之利。不必其盡取。刑賞之權，不疑其旁落。貴不在朝廷也，賤不在草莽也。在後世方議其法之疎，而天下之人，不見上之可欲，不見下之可惡。法愈疏而亂愈不作，所謂無法之法也。後世之法，藏天下於筐篋者也。利不欲其遺於下，福必欲歛其上。用一人焉，則疑其自私。而又用一人以制其私。行一事焉，則慮其可欺，而又設一事以防其欺。天下之人，共知其筐篋之所在。吾亦鰓鰓然，日唯筐篋之是虞。故其法不得不密，法愈密而天下之亂，卽生於法之中。所謂非法之法也。」

以近代西方民主思想史言，霍布斯、洛克、盧梭等亦均受到古代希臘民主、羅馬議會及自然法的啟發，黃梨洲之論並未脫離這個近代人類思想史的範疇。但因中國的資本主義無力掙脫中央集權的專制主義的束縛，可能成為中國資產階級民主的黃梨洲思想也無由發展。

八

中國知識份子要「志於道」，又要「道濟天下之溺」，就不免於與專制政權矛盾。歷代專制政權亦有開明者和頑固者之別，在開明專制的時候，也就是「邦有道」，或出現「明主」的時候，知識份子雖與政權矛盾，但亦能結合，而造成盛世。例如，漢「文景之治」與唐「貞觀之治」，知識份子對朝政批評之激烈，為其他時代之所無。被其當代知識份子以言論批判為最黑暗時代的政治，往往正是實際歷史上最清明的政治時期。反之亦然，在當時一片歌功頌德聲中的政權，正是實際上最黑暗的政權。

從今天的眼光來看，中國知識份子的道統，在沒有民主條件的歷史上，其實是扮演著一種「制衡」的作用，但由於條件不够，這種「制衡」不是政治權力的制衡，而是一種道德力量的制衡，即所謂「外慚清議，內咎神明」。其對專制政治是具有滌清作用的。所以，能接受這種制衡的政權就能比較清明，比較道德。

但是，這種制衡只有一種道德的力量，而無政治權力的保障，所以，遇到了不接受這種制衡的政權，就只有「莫謂書生空議論，頭顱擲觸血斑斑」了。這也是中國傳統知識份子宿命的悲劇。

「反映民意，批評朝政」是中國知識份子優良的傳統，尤其在今天海峽兩岸的中國還不具有充分民主的條件下，當代的中國知識份子如能自覺的擔當此一任務，中國政治改革的步伐或能加快前進。

一九八八年二月九日講于北京

一九八八年二月二十三日定稿于新店

原載《中華雜誌》一九八八年三月號

後記：這份演講大綱是我在臺灣準備的，特別選擇這個題目，乃是希望能與大陸知識份子共勉，重振中國知識份子的士氣，為我們共同的苦難而偉大的祖國貢獻知識份子的心力。演講會當天有王若水夫婦蒞場，並承相贈大作《為人道主義辯護》，是我最大的榮幸。

五、現代與古代的對話

——講於北京中國文化書院「傳統文化與現代化討論會」

一

一九七八年，臺灣曾經有過一次規模不大的「現代化論戰」，我是參與討論者之一，來到北京後，才知道「現代化」的討論，在目前大陸學界正是「摩登」。

茲願將在臺討論時爭議的幾個概念，首先作一番界定，再來談傳統文化與現代中國的問題。

㈠「西化」(westernization)與「西方文化」(western culture)：前者係西方列強對殖民地所施行的一種同化政策，有英國在印度之「英國化」，法國在越南之「高盧化」，日本在據臺時期則有「皇民化」(卽日本化)，第二次世界大戰後美國對外亦有「美國化」，故西化乃指西方各列強對落後地區或征服地區的殖民化。後者則係歐洲或西方國家由過去至現在的文化，尤其指西方所發展出來的近代文化，理論上雖應包括資本主義、社會主義、民族主義、法西斯主義、極權主義，唯自「新文化運動」以來，國人所特別強調科學與民主。近代西方文化有先進於中國者，或可爲中國發展的參考。在西化的過程中，殖民地區亦被引進大量的西方文化，但是這種西方文化的引進是缺乏主體性和選擇性的，其目的在便於西方列強對殖民地的統治，及在殖民地的發展，而不是殖民地區主動選擇有利於自己生存發展的西方文化的要素。也就是說，西化者乃是使殖民地成爲西方殖民母國生存發展的一部分，而不是殖民地爲自己獨立的生存發展而吸收西方文化。

㈡「傳統」（tradition）與「傳統主義」（traditionalism）：前者係指人類經由歷史長期創造和累積下來的一種生活方式（卽文化），而每一個社會（文化）變遷後所出現的新社會（文化），在事實上，亦必依靠傳統而爲傳統之「發展」或「進化」，例如，法國的議會政治來自革命時期的「國民會議」，「國民會議」來自「三級會議」，「三級會議」則爲法國專制時代之制度。今日猶在西方文化生活中佔重要地位的宗教，更是源遠流長的傳統，日據時代推動臺灣新文化與抗日民主運動的臺灣先賢陳逢源有言：「我確信沒有傳統文化的社會，何異乎近於野蠻人。」「傳統主義」則起自法國大革命，是爲一種對抗革命的歷史哲學和政治活動，在政治上主張敎皇至上論，在倫理學和知識論上則反對個人主義。

㈢「自由」（liberty）與「自由主義」（liberalism）：前者在英國「大憲章」中指貴族特

權，當含有從國王壓制下解放權利主義。「自由派」（Liberales）一辭則首先出現於十九世紀初，爲西班牙一政黨名稱，其後，「自由主義派」（liberal）之辭遂爲各國所爰用。自由主義之要旨概言之乃在於個性之解放與放任經濟，與近代歐洲民主思想併進（其中亦有一定之矛盾），是爲中產階級的意識型態。但這並不表示其他階級不要自由民主。近代西方思潮並無反對自由民主者，在思想或理論上，社會主義或馬列主義雖然反對放任經濟，但卻可以更積極的自稱主張無產階級之自由民主，僅非自由主義而已，其他諸如民族主義、無政府主義，在近代西方思潮中亦有自由民主之主張者。故主張自由民主者，並非全是自由主義，自由主義亦非自由民主的唯一主張者。馬克思是承認多黨制的，「一黨專政」是列寧的主張，並且也只是限於過渡時期。

二

以近代中國思想史言之，自「師夷之所長以制夷」的「洋務運動」之後，除義和團外，已無反對西方文化者。「五四運動」之後更無反對科學民主者，問題只在於所知西方文化的多少，或所知的正確或誤解，以及不同國家回國的留學生倡導了不同的西方文化。

有所謂的東西文化之爭，其實爭的是「西化」的問題，那也就是說，在學習西方文化的過程中，中國文化是否應保有「主體性」和「本土性」的問題。一些堅持「主體性」和「本土性」而抵抗「西化」的學者或知識份子，而有本位論之出現，其反「西化」遂被西化論者視爲反對西方文化，在意識型態的制約反應下，遂進而被認為是反對科學民主與進步，遂將歷來堅持「主體性」和「本土性」的知識份子，排斥於近代中國民主運動史之外，而被目為傳統主義。

又由於留學生所習西方文化的不同，回國後有不同之主張，諸如民族主義、法西斯主義、自由主義、社會主義、無政府主義等，其中無一不是近代西方思潮，取其中之一，而反對其他，亦不應以反對西方文化視之。

以臺灣戰後的臺灣經驗言，信仰自由主義的留美學生在學界佔有壟斷性的地位，以致造成唯美式自由主義為自由民主之主張者的成見，甚至連歐陸之自由主義亦被抹煞。

民國以來，除籌安會諸公與張勳復辟外，基本上已無傳統主義，亦即無對抗辛亥革命之歷史哲學和政治活動。其中或有爭論，乃在基於傳統文化發展民主政治，或以橫的移植方式建立民主制度。本位論者傾向於前者，西化論者則傾向於後者。

「民主」一辭，源自希臘文之 dēmokratia，為「多數統治」之義，在希臘時代亦有「雅典民主」。希臘是奴隸社會，平均一個希臘人擁有五名奴隸，奴隸和婦女是不擁有民主權利的。所以「雅典民主」的「多數統治」並不在於總人口的「多數」，而在於擁有民主權利者中的「多數」，亦即奴隸主之間的民主。雅典擁有民主權利者共分四個大氏族，故「雅典民主」的實質，其實是四大氏族之間的權力制衡，而並不是有包括奴隸、婦女在內的總人口的「多數統治」。

除了奴隸社會有「民主」之外，原始共產社會也是民主的，根據現代人類學的研究，原始社會的內部也是呈現民主的狀態。封建社會在貴族之間仍有「權力制衡」的民主，如「周昭共和」；並且還有古代民主的殘餘，如中國的民本思想。

近代西方資本主義發達，而有資產階級民主。資本主義企業的內部，資本家與工人之間是沒有民主的，但在國家的範疇內，資本家與資本家之間卻是有民主的。

由於資本主義的殘酷壓榨，十九世紀有社會主義興起。在企業內部，工人組織工會與資本家抗衡，形成權力的制衡。以今天資本主義企業結構言，資本家還是掌握優勢的本質，但也不能不說，民主的因素亦滲透到了資本主義企業的內部。在國家範疇內，除了資產階級政黨外，代表無產階級的工黨、社會黨、勞動黨、共產黨，也在各資本主義國家內出現，形成對資產階級政黨的權力制衡。只是這些無產階級政黨，一時間尚不能取得政權，或取得政權後也無法改變資本主義社會的本質。

所以，民主並不是一個絕對的理念，而是辨證的在不同的歷史社會條件下，形成「權力制衡」的形式。失去了其社會內部「權力制衡」的實質，任何徒具形式的民主都難以具有民主性的，民主制度亦難以建立。例如，戰後的印度是抄襲英國的制度，菲律賓是抄襲美國的制度，其民主政治之運作，並未能一如英美的情形。這也就是說，民主的形式必須基於其社會內部結構「權力制衡」的實質，並不是橫的移植或外鑠的形式必然可以為功的。

民主政治的建立還必須以國家的獨立主權為前題，香港是殖民地，無論其多自由和繁榮，但卻不是民主的。如美國所支持的反共國家，一旦出現違背美國國家利益的當地國民主政治出現，即遭瓦解。

三

在臺灣的現代化理論的討論中，還有一個經常被提及的概念，即理性（reason）。「理性」的定義亦眾說紛紜，不過，Brand Blanshard 曾將「理性」定義為「掌握必然關係的能力和作用」（*Reason and Analysis*, 1962）。這個定義不見得能被普遍的接受，但至少也是「理性」一辭的一個側面的理解。這個定義下的「理性」乃強調了「理性」中的推理（reasoning）性質。「理性主義」（rationalism）則是一種以演繹法為眞理評準的哲學方法，有笛卡兒（一五九六—一六五〇）、賴布尼茲（一六四六—一七一六），斯賓諾莎（一六三二—一六七七）更是將幾何學方法引進倫理學的研究。邏輯和數學的推理根據就是「必然關係」。韋伯（一八六四—一九二〇）強調「工具理性」，只有西方近代的理性主義，發展出以數學和實驗為基礎的科學，發展出不斷長成的資本主義的經濟體制，及政治的權力結構。

對照著中國的落後，因此他們得出了一個結論：中國不能現代化，因為中國人缺乏理性。

歐陸的理性主義，在法國方面，從笛卡兒到法國大革命前的啟蒙運動；在德國方面，從賴布尼茲、吳爾夫（一六七九—一七五四）到康德（一七二四—一八〇四）。

從西方哲學史來看，笛卡兒是一近代哲學與中世哲學的分水嶺，也是理性主義的先驅。李維・布維爾（Levy Bruhl）認爲笛卡兒的哲學，不是傳承的，而是突起的；柏格森（一八五九—一九四一）稱其哲學是「不用母親生產的兒子」。何以如此，我認爲學界前輩朱謙之先生有相當的見地。他說：

「笛卡兒當時因在荷蘭的關係，接近了東方各國如印度、中國、波斯的知識，而且承認在中國人當中，也有和法國一樣聰明人的存在。因爲笛卡兒曾經自己說他成功的原因，是因離開他的國家，或以前所讀的書；可見他的哲學，無疑地很受外來文化接觸的影響。而他著力敎人的 Reason 一語，比較那一樣聰明的中國人，所講的「理性」，也就可以說『此心同，此理同』了。」（《中國思想對歐洲文化之影響》，眾文圖書公司，臺版，1977, p. 130）

西方的理性主義起，才逐漸擺脫「哲學爲宗敎婢女」的桎梏。笛卡兒之後，巴斯噶（Blaise Pascal, 1623-1662）、麥爾伯蘭基（Nicole Malebranche）雖以有神論之立場反對中國文化，但也有擁護中國文化的貝爾（Pierre Bayle 1647-1706）。至法國大革命前夕，啟蒙運動的大師孟德斯鳩、伏爾泰均受中國影響至深，尤其是伏爾泰極力讚美中國。

賴布尼茲與中國哲學的關係，在當時歐洲學界並無異議，盧多維西（C. G. Ludovici）在評論賴布尼茲時說：「賴布尼茲與吳爾夫兩人世界觀的發展史，有二重來源，一是柏拉圖的影響；

一是中國哲學的研究」（一七三七）。吳爾夫並著《中國的實踐哲學》，且言：「只要我們更深一層來觀察，便可發現，無論在道德政治之任何方面，我們都不能和中國人的原則相比較。在孔子的著述中，雖有方法論上的缺點，缺乏歐洲人的雄辯之風，可是我們如果放大眼光，捉住他們的一般法則，辨別出他們將地上政府建立於天上政府之確實性的原則上面，那末便很容易發現他們是怎樣具有最深的見解，和最崇高的思想努力了。」

康德是吳爾夫的再傳弟子，亦受到中國哲學的影響深遠，所以，十九世紀具有白人優越感的尼采（一八四四—一九〇〇）即諷刺康德是「肯尼茲堡的中國人」。

由西方哲學史來看，歐洲的理性主義並不排斥中國，並受中國影響，中國民族又何嘗缺乏理性。

四

「工具理性」是一種「計算」，也是一種「推理」，也是「掌握必然關係」，是發展資本主義的必要條件。然而，算盤是中國人首先發明的，當然包括「計算」、「推理」和掌握數學的「必然關係」。由此可見，中國民族並不缺乏「工具理性」。日本的近代資本主義之父澁澤榮一（一八四〇—一九三一），其名著即題爲《論語與算盤》。並且，西方學者研究日本資本主義的企業和經營，發現其哲學來自中國，而與西方不同。

以科技而言，法國哲學家孔德在《實證哲學講義》中，曾以羅盤、火藥、印刷術三大發明之歷史，說明近代進化的第一時期，並將此發明歸功於亞洲民族。這三大發明來自中國，而促使歐洲自中世封建邁入近代歷史，此亦爲西方學者所共認者。當代英國學者李約瑟的鉅著《中國科學技術史》(*Science and Civilization in China*) 更說明了十七世紀以前的中國科技是屬於領先的地位。所以，中國科技的落後是近代的事。

以商業和對外貿易而言，近代歐洲資本主義之崛起，是由於對外貿易，而有航海（所以羅盤才那麼重要），而有殖民地，而刺激了國內生產力的革命。在海上貿易和對外殖民的過程中，就必然會產生海盜。所以，除了商人外，海盜實爲殖民主義的先鋒，也是歐洲資本主義的功臣。

中國的航海自不待言，鄭和下西洋，是人類有史以來最偉大的遠航艦隊，由於海上貿易，廣州、泉州、寧波都曾是國際性的大商埠。中國不但有陸上絲路，而且也有海上絲路。

並且，中國也有海盜，根據最近的研究，史上所謂的「倭寇」，其實是中國海盜，因受追剿，而以日本、臺灣及南洋一帶爲基地，進行對中國沿海商船的掠奪，明末有顏思齊、鄭芝龍等人。所以，臺灣的「開臺祖」鄭成功，其母就是中國海盜和日本女子所生，而具有四分之一的日本血統。

更有甚者，在十七世紀臺灣殖民主權的爭奪中，中原的敗軍之將，亦卽海盜鄭芝龍之子鄭成功，竟擊敗了當時歐洲海上覇權的荷蘭人，而取得了臺灣。直至十九世紀中葉，歐人再度東來，而覬覦臺灣，終至一八九五年，滿淸喪失臺灣主權。

從中世封建結束後，歐洲的歷史邁入近代。由世界史的比較來看，十七世紀以前，中國並不比歐洲落後，也絕不比歐洲不「現代化」。但這絕不是我們不承認今日的落後，也絕不是要抱殘守缺，而是要在眞實的歷史中，去發現中國落後的眞正原因。

在世界史的比較研究中，我們發現，中國的落後當爲十八世紀之後，尤其是工業革命之後，歐洲發明了蒸汽機，其生產的動力一日千里，已非人力獸力的動力所可及了。

當然，我們可以追問：爲什麼蒸汽機不發明在中國而發明在歐洲？難道這只是歷史的偶然而已嗎？這不能不和市場需要大量商品及需要新的生產動力有關。

海外貿易及殖民地的開拓，活絡了商品的交易，也開闢了新的市場，新的動力出現後，可以更活絡商品的交易和對海外的貿易。尤其是對殖民地的榨取，是近代列強資本主義飛躍發展的重大因素。

五

在中國，「現代化」一詞，首見於一九二九年，胡適爲英文《中國年鑑》作《中國文化之衝突》，不但用了「全盤西化」（wholesale westernization）一辭，並用了「全心現代化」（wholehearted modernization）一辭。

到了一九三三年，《申報月刊》曾舉行過一次「現代化問題」的討論，什麼是「現代化」莫衷一是。有人以社會主義才是「現代化」，這恐怕與胡適之意不合罷。後來又有「中國社會史論戰」，胡適的「現代化」，也隨一時的「摩登」而告沈寂。

戰後，殖民地紛紛獨立，美國勢力興起，代替舊的歐洲帝國主義進入了新獨立的殖民地國家，又爲了與蘇聯的冷戰，防止蘇聯勢力的擴張，而開發落後國家。至五〇年代末期及六〇年代初，有羅斯托（W. W. Rostow）關於經濟成長的研究《經濟發展史觀：一個非共宣言》（*The Stages of Economic Growth: A Non-Communist Manifesto*, 1960）。亦有稍早出版的列爾納（D. Lerner）關於中東之研究《傳統社會的逝去：現代化之中東》（*The Passing of Traditional Society: Modernizing the Middle East*, 1958）。

一九六五年，於是有美國「亞洲基金會」在南韓召開「亞洲現代化問題」的國際會議，向亞洲各國宣傳「現代化」的觀念和理論，而「亞洲基金會」當時是接受美國中央情報局資助的。於是胡適當年提倡的「現代化」，又重新「摩登」起來。

但是，什麼是「現代化」，大家還是一直說不清楚。

首先，「現代化」的「現代」應該不是一個時間的觀念。否則，全世界人類（包括尚存之食人族）均生活在現代，根本無須有「現代化」的問題。故「現代」乃是在時間觀念之外，另有所指。

再者，「現代化」亦非一普遍的變革觀念，在「現代化」理論的預設中，歐美等國已爲現代社會，而無須現代化的繼續變革，具有現代化需要者爲非西方之社會（日本除外）。可見「現代化」的變革是有特殊所指的。最近也有學者把西方社會的再變革稱爲「後現代化」（post-modernization），也並非「現代化」。

「現代化」理論的創始人之一的列爾納，在《國際社會科學百科全書》（*International Encyclopedia of The Social Sciences*, 1968）的文章中稱：

「現代化（Modernization）是一老過程的流行用語——此即低開發到更開發社會所獲得的共同特徵的社會變遷過程。此過程由國際的、社會間的交通促進之。……在帝國主義時代，我們說印度是『英吉利化』（Anglicized），越南是『高盧化』（Gallicized）。繼而區域性名改稱『歐化』（Europeanization）。二次世界大戰使歐洲帝國萎縮與美國勢力傳播，常有人憤怒的說到歐洲之『美國化』（Americanization），說到其餘世界時，則爲『西化』（Westernization）。戰後歲月覺得此詞還太區域化……於是有『現代化』術語。」（Vol. 10, p. 386-387）

可見「現代化」的觀念是由「西化」、「歐化」和「殖民化」來的。白蘭克（C. E. Black）在《現代化的動力：一個比較歷史的研究》（*The Dynamics of Modernization: A Study in Comparative History*, 1966）一書中亦對「現代化」的定義有所說明：

「除了『現代化』一詞之外，尚有人以『西化』（Westernization）和『歐化』（Europeanization）

來稱呼前述之進步的過程。是特別指先進國家對落後國發生的刺激與影響。不過，先進國的影響只是進步過程中的一小部分，且『歐化』和『西化』都不能形容先進國剛開始進步時的情形，也不能表示出落後國對更落後國的影響。我們不能說英國與法國在十七、十八世紀時『西化』，也不能說日本在二十世紀時使中國東北『歐化』。同樣，『工業化』（industrialization）、『工業革命』（industrial revolution），和新希望之革命（the revolution of rising expectation）僅著重於工業革命後引起之經濟轉變，故皆不能表達此一進步過程的複雜性與全面性。『革新』（innovation）倒是意義較廣的一個字，不過此字向來是指從有文字記載以來整個歷史的變動，同時它亦可用來專指某項技術改革，故亦不是一個很適合的名詞。」（郭正昭譯本，pp. 6-7）

按照白蘭克的說法，「現代化」亦不過是「歐化」、「西化」或「殖民化」的戰後的「摩登」包裝而已。柏格（P. L. Berger）等在《飄泊的心靈：現代化與意識》（*The Homeless Mind: Modernization and Consciousness*, 1974）一書中亦指出：

「最先進的工業社會，在其內部，仍然含有非現代化的制度和意識的『成分』（pockets），因此亦未能完成現代化的過程（正如我們在本書第三篇中所要指出的，其亦永遠不能完成它）；可是話雖如此，它們卻成為此過程擴散至較不先進社會的中心。當然，這便是今天世界上大多數的現代化，本身即代表西化過程的原因；既然如此，現代化不僅是社會改變的過程，亦是文化侵略（cultural imposition）的過程。」（曾維宗譯本，p. 172）

中國要現代化，難道中國的問題是缺少「西化」、「殖民化」和「文化侵略」嗎？

六

所以，第三世界或拉丁美洲出現批判「現代化」之依賴理論，究其實際乃是批判「西化」、「殖民化」或「文化侵略」，亦卽批判戰後美國對外之「新殖民主義」。

有道是「亡人之國，先亡其史」。傳統卽一個民族生活經驗的歷史累積。任何一個民族向前發展必須依據其傳統，並揚棄其傳統，傳統與現代的關係是旣矛盾又統一的。沒有傳統累積的民族是野蠻民族，再橫蠻的反動的傳統主義也是終於擋不住歷史腳步的前進。

英國史學家卡爾（E. H. Carr）在回答「什麼是歷史」時曾說「歷史是歷史家和事實之間不斷交互作用的過程，『現在』和『過去』之間無終止的對話！」（*What is History*, 王任光譯本，p. 23）文化的發展亦復如此，是現代與古代之間無終止的對話！

傳統與現代之間是有矛盾的，但這是文化發展過程中的「內部矛盾」；殖民化和反殖民化則是文化發展過程中的民族鬪爭的「敵我矛盾」。

中國文化發展至今是不斷的繼承和揚棄的過程，經過多次的政治、經濟、社會制度的變革，並不是「現代化」理論的「傳統——現代」所能簡單概括的，甚至於「傳統——現代」的二橛觀也不能概括今日西方文化。今天的凡蒂岡有最現代的公路，卻有最傳統的宗教；今日的美國有最現代的高科技，卻也有傳統的騎警——警察騎著馬穿梭在現代的汽車之間。

「現代化」理論將「傳統——現代」矛盾對立的無限上綱，矇混傳統與傳統主義的區別，以便抹煞傳統，達到以「西化」之手段而爲西方文化開拓新的疆域。其結果正是「亡人之國，先亡其史」！

難道中國文化眞的那麼一無是處而該「亡」嗎？或者唯有走向「西化」之路？代表英國自由主義的英國哲學家羅素在《中國問題》(*The Problem of China*, 1922) 一書中卻說：

「中國文化正急速變化，毫無疑問它也亟須急速改變。可是迄今爲止改變的方向仍朝著以武力凌駕西方人爲最後的目的進行；可是未來我們的經濟優勢似乎仍能繼續保持。我認爲如果中國人能自由選擇他們所願意學習的西方文化而不必去學那些他們所不願學的西方文化，他們一定能夠循著固有的傳統文化，融合我們的優點作一種有機的成長蛻變而生出燦爛的新文化，如果這種文化的再生能夠成功，便可避免兩種不同的危機。第一種危機是中國完全西化，中國的特性文化毀滅無遺，只在世界上更增加一個不休息、勾心鬭角、工業化、軍事化的國家，使這個不幸的地球更增幾分痛苦。第二個危機是爲了抵抗外國侵略驅使中國走上盲目排外的保守主義，除了採取西洋方法建軍之外其餘概在排斥之列。這個情形已在日本發生，中國也很可能重蹈覆轍。」（宋謌平譯本，p. 5）

羅素之言，對中國有勸告也有珍惜。他的勸告有如孫中山勸告日本一般，不可爲「西方霸道的鷹犬」，而當爲「東方王道的干城」；被今天「現代化」理論列爲「現代化」典範的國家，那一個不是靠帝國主義政策侵略和壓榨其他民族而富強的？尤有進者，羅素珍惜中國文化，爲人類文化能保持濟西方文化之窮的可能，不可讓中國「西化」，而應讓中國自由的選擇學習西方文化。「西化」在羅素看來竟是中國的「危機」！

另外，現代西方文化是不是值得我們去「全盤西化」或「全心現代化」也值得檢討。

近代西方文化，其本質實爲資本主義文化，其中誠然包括科學、自由、民主；但是，也不可諱言，其對內剝削勞工階級的剩餘價值，其對外壓迫其他落後民族。其對內引起社會主義的反抗，對外則引起落後民族的抗暴。並且，帝國主義國家之間爲了爭奪市場和資源而引發了本世紀的二次世界大戰。並且，二次大戰後的區域性戰爭至今尙未停止。

這樣的西方文化，在十九世紀就有歐洲社會主義者的批判，馬克思卽其中之最。批判這樣的資本主義的西方文化也非社會主義者的專利，而是包括許多西方的學者和知識份子，從存在主義到「羅馬俱樂部」（The Club of Rome）。

七

或許我們可以不拘泥於「現代化」的文字之爭。不過，任何的觀念必須落實，才能具有實質的意義，否則只能是「光禿禿的概念」。因此，我們必須追究十七世紀以後中國落後的眞正原因。那麼，中國現代化（如果非用「現代化」一辭不可）的討論，才能具有實質的意義。

比較中國和西方的歷史來看，中國的落後應在十七世紀中葉至十九世紀中葉的二百年間。中國在這二百年間是一個大一統的專制帝國。當時中國的前資本主義的發展，並非沒有向海外殖民，「倭寇」就是例子，沿海居民前往南洋一帶者多矣。在鄭成功之前，漢人前來臺灣經商移民者也都有了。但是，海外殖民，造成了中央的「鞭長莫及」，而形成對專制帝國的權威挑戰。這與歐洲各國相互競爭，而競相發展海外殖民的情況正好相反。所以，中國政府一向不鼓勵向海外發展，甚至有「片板不得入海」的禁令。滿清擊敗明鄭取得臺灣，連對臺灣的移民亦在禁止之列。所以，中國沿海居民向海外的殖民不但沒有政府力量的支持，並且，還是非法的。

在資本主義還不發達的條件下，需要大量投資的遠洋航行，是需要國家支持的。鄭和下西洋是國家支持的，麥哲倫環繞地球也是國家支持的。鄭和之後，中央政策不支持遠航，鄭和的偉大航海事業就在中國歷史上消失了。但是，葡萄牙不支持麥哲倫，卻可以有西班牙的支持。

在這二百年間，西方由於對外殖民，資產階級日趨茁壯。一七七六年殖民地的美國獨立了，一七八九年法國大革命爆發，資產階級民主革命在歐洲造成了燎原之勢。資產階級得到了解放，資本主義亦得著了解放，生產力也更加突飛猛進。

從十七世紀之間，中國和歐洲的生產力的比較需有進一步實證研究的證明。但無論如何，一八四〇年，英國的一支特遣艦隊就可以擊敗中國，這與十七世紀時鄭成功驅逐歐洲海上霸權的荷蘭，又豈可同日而語。

中國相對於打破了專制的歐洲已落後了。落後的中國接著噩運連連，各種戰爭的失敗，各種不平等條約的簽訂，割地賠款，喪權辱國。

由於專制而落後的中國，在困境中欲求掙扎而欲振乏力。茲以「馬關條約」和「庚子賠款」的二筆賠款爲例而言。

「馬關條約」，日本向中國索款白銀二萬萬兩，由於三國干涉還遼，又加賠三千萬兩，再加上戰爭期間的債務，中國所負之總數達三萬萬兩左右。這是當時中國政府三年收入的總數。這筆款項，一半借自俄法銀行集團，一半借自英法銀行集團，再加上利息，至一九四〇年償清，總數已達六萬萬兩左右。

「庚子賠款」的總數是四萬萬五千萬兩，中國無錢可賠，也無錢可借，只得將關稅和鹽稅作爲抵押，分四十年償清，償清之時，本利之和將達十萬萬兩。雖然，後來發生變化，有些款項未付，但至一九四〇年，付出之數也將近四萬萬兩。

貧窮的中國，再加上這些天文數字的賠款，政府已完全喪失了累積資本的能力，經濟發展所必需之公共建設（如交通、郵政、水電、國防）也無能投資。

專制主義使中國在近代世界史的競爭中落後了，再加上帝國主義，這眞是「雪上加霜」。中華民族在專制主義的綑綁上又加上了帝國主義的綑綁。

所以，近代的中國問題，其核心在於兩點，一是專制主義，一是帝國主義。這也就是近代中國革命的兩大問題——反帝、反封建（其實是專制）。這兩大問題也交織著成爲近代中國革命的主線。

以反帝、反專制的優位而言，不能解脫帝國主義的綑綁，也就難以對內解脫專制主義的綑綁，但解脫了帝國主義的綑綁也並不必然能解脫專制主義的綑綁。不過，帝國主義的威脅是立卽而明顯的，中國面臨著豆剖瓜分和亡國滅種的危機。

於是，中國人民從血泊中站起來奮勇前進。一九〇〇年，義和團的反帝運動失敗了；一九一九年，「五四」愛國運動失敗了；一九二五年，「五卅運動」失敗了；一九三一年，「九一八」反帝運動失敗了。終於一九四五年，抗戰勝利了，打敗了日本帝國主義；一九四九年，國共內戰，中共奪取了政權，但也驅逐了美國帝國主義在華的勢力；一九六二年，中蘇共開始齟齬，一九六九年，「珍寶島事件」爆發，也驅逐了俄國帝國主義的在華勢力。

今天的中國除港、澳和統一問題外，已是一個主權獨立的國家，並且，國防工業的發展也使中國具有保衞這項國家獨立的能力。但是，今天的中國並未能解決專制主義的問題，也未能解決經濟落後的問題。

八

「民主」不是一項絕對的理念，其本質爲「權力的制衡」，必須基於社會力量和政權力量的制衡或矛盾的統一，才能產生民主制度。

中國在前資本主義時代，未能發展對外的殖民主義，未能跟上歐洲的「工業革命」，資產階級不能壯大，不能揚棄專制主義，生產力不能得到解放，資本主義不發達。十九世紀後，再度與西方接觸，又受到帝國主義的破壞，原有的經濟結構逐漸瓦解，至八年抗戰、國共內戰，原有的社會經濟結構更加受到摧殘。一九四九年後，中共奪取政權，實施「土改」，奄奄一息的原有的中國社會經濟的結構遂完全崩潰。新的社會力量無由集結，舊的社會力量也完全遭受剷除。

在舊社會中，地主階級的士紳力量雖不構成政權力量的有效制衡而形成民主制度，但是，仍然是有一定的權力的。所以，在專制時代尚有清議，及道統對政權的制衡。剷除了舊的社會力量後，中共實行「社會主義改革」（何謂「社會主義」猶待定義），中國的重建遂成爲由上到下的權力「一條鞭」。

卽使我們承認一切的社會都是階級專政（奴隸主、貴族、地主、資產階級專政），但一九四九年後的中國卻是根據列寧的理論，由無產階級先鋒隊的共產黨代表了無產階級實行專政。而共產黨的代表權卻是由革命的方式取得，而非由民主的方式取得。

從社會史發展的觀點來看，任何專政的階級都是基於歷史條件下的生產關係而自然產生的，因此對現實的社會有一定的穩定和發展的作用，最後才是揚棄自己。

在由上到下的「公有制」的「社會主義改革」下，一切的生產工具爲黨所控制，一切的生產分配也爲黨所控制。除了共產黨的政權力量外，民間的社會力量無由集結，沒有社會力量就沒有社會力量與政權力量的制衡，也就沒有民主。

在專制時代，中國還有一定的不充分的社會力量，但是到了「社會主義中國」後，連這一點不充分的社會力量也不見了。所以，以權力的集中而言，毛澤東與專制帝王相較，也確實是「數風流人物，還看今朝」。

爲了維持這樣的「社會主義」，五七年有「反右」，六六年有「文革」。「十年浩刼」之後，大家才覺悟「沒有民主就沒有社會主義」。但爲什麼中國沒有民主？於是有人歸咎於社會主義，也有人歸咎於傳統。

將中國沒有民主歸咎於社會主義，那是倒果爲因的說法，因爲民主本來就是社會主義的必要條件，所謂「無產階級專政」亦卽無產階級民主之義。

至於歸咎於傳統的說法，也不完全。中世紀「黑暗時期」至法國大革命前的歐洲傳統，也不是民主的。歐洲就能從不民主的傳統發展出民主來，何以中國未能？所以，傳統並不能是造成今日中國不民主的充分條件。

解決中國專制主義的問題，還是要從改造現有經濟社會的結構著手，要培蓄社會力量，要藏富於民，要把經濟搞上去。現階段的中國社會主義也只能是「發達國家資本，節制私人資本」。社會經濟的客觀規律是不能以主觀願望來代替的，中國的社會主義也是不可揠苗助長的。

讓人民有了獨立生活的經濟能力，可以不必靠共產黨吃飯，才能有社會力量的形成，才能與政權力量制衡，政治上的民主才能有條件。

近代中國的兩大問題，還剩下專制主義的問題，一旦中國的民主出現，也是專制主義問題解決之時，中國人民的創造力才能得以解放，才是中華文化的復興之期。中華文化的復興除了必須是保持主體性的借助於近代的西方文化和揚棄傳統文化的糟粕外，也必須吸收傳統文化的「合理的核心」。這是我們「以史爲鑑」的結論，也是我們對「現代與古代的對話」的理解。屆時「西化」、「現代化」云云，均將成爲詞費。

最後，我想引用哈佛大學社會學系創始人索羅金（P. A. Sorokin, 1889-1968）的一段話來結束本文。他在《今日社會學學說》（*Sociological Theories Today*, 1966）中譯本的序文中說：

「我由偉大的中國思想家和文化，獲得許多知識和智慧，這本書也是本人對他們衷心感激的一種表徵。現在中國民族在一個偉大的文化的、社會的、政治的和人格的文藝復興的歷程當中，像她在長期和創造的歷史上所已好多次經驗過的一樣。一切這樣的文藝復興，除卻一面產生創造性的造詣之外，自有她「分娩的痛苦」。然而人類如能避免第三次全體的——核子的、化學的、微生物學的——世界戰爭，這些痛苦最後必然低減和消逝，而中國民族及其社會的文化生活將再次創造地燦爛地復興起來。」（黃文山譯本，p. 14）

一九八八年二月十二日講於北京

一九八八年五月十日定稿於新店

原載《中華雜誌》一九八八年六月號

六、論孫中山的時代及其思想

祖國在危機中

一八四〇年的鴉片戰爭，打破了中國天朝上國的迷夢，開始了近代中國悲劇的歷史。一次次的對外戰爭的失敗，一項項不平等條約的羞辱，東亞睡獅竟成了列強帝國主義俎上魚肉，中國面臨了豆剖瓜分的局面，祖國開始在危急之中。

尤其在一八九四年，甲午之戰，滿清帝國竟敗於東鄰的日本，馬關條約之苛，不但賠款，並且割讓了臺灣澎湖。進入二十世紀，辛丑和約後，朝野上下無人再敢言戰，中國成了任人宰割之地。

割地賠款，國家主權破壞無遺，朝廷威信喪失殆盡，新興帝國主義對原有中國經濟結構的侵害，亦促使民生日蹙，各國勢力範圍的劃分，亡國之日危在旦夕。

除了割地賠款外，一條條鐵路，代表著各國勢力範圍，像吸血的尖針插入中國經濟的動脈。從一九〇一年至一九〇五年，完工的鐵路有：東清鐵路、南滿鐵路、萍株鐵路、膠濟鐵路。繼續興築的有：京漢鐵路。開始修築的有：粵漢鐵路、正太鐵路、安奉鐵路、潮汕鐵路、滬寧鐵路、京綏鐵路、隴海鐵路。

對於這種路權盡失的情形，當時有識之士卽有人大聲疾呼的說：

嗚呼！鐵路之於人國，猶筋脈之於人身也。是故一縣失其權則一縣死，一省失其權則一省死，況全國南北（粵漢鐵道）東西（蜀漢鐵道）交通之大關鍵乎？（《江蘇》第七期，一四七頁，「南方之三大鐵道」）

除此之外，帝國主義對祖先留給中國人的地下礦產亦不放過。當時，鐵礦的生產幾乎全部被外國人控制。據一九〇六年的統計，煤礦生產，外資佔三九・八％，中外合資者佔四〇％，兩者合計佔七九・八％。

據一九〇三年十月出版的《江蘇》雜誌第八期報告，當時兩年間喪失的礦權，卽正在與外國商議出讓的重要礦權計有：

英國：安徽歙縣、銅陵、大通、寧國、廣德、潛山的礦權，四川除六州廳縣外的煤、煤油、鐵砂各礦。

法國：貴州印江縣的銀礦和鐵礦，廣西上思州的黑鉛礦，貴州平遠縣的雲母礦，福建省建寧、邵武、汀州三府所屬之各礦權。

日本：安徽宣城縣的煤礦。

英、法：雲南全省之銅、金、銀、鐵、煤、寶石、朱砂及煤油各礦。

礦權的喪失，當時之人亦痛心疾首，而有人呼曰：

> 浙之礦，浙之髓也。而路，浙之脈也。髓竭則枯，脈絕則死。路礦旣失，雖有浙江也，猶無浙江也。外人之謀人國也，朝吸其精焉，夕得其膏焉，奄奄待斃，則土地自爲我有。其於中國亦然。（《浙江潮》第六期，一頁，「劉鐵云欲賣浙江全省路礦乎」）

再者，在不平等條約下，海關喪失，中國貨物在國內失去與外國商品競爭的保障，反而能得到保護的是侵入中國的外國商品。孫中山先生曾指出：

> 我們現在失去了海關，就是失去了種種保護實業的門戶。因爲門戶大開，所以洋貨源源而入，還到各省內地，用很便宜的價錢發賣，普通人因愛便宜，所以不用土貨，要用洋貨。因爲土貨沒人買，洋貨總是暢銷，所以土貨就被洋貨打敗，全國都不出貨，所以中國工人，便沒有工做。從前閉關自守的時代，中國工人還可以自耕而食，自織而衣，自己本來可以供給自己。到了外國人來叩關，打破我們的門戶，和我們通商以後，自己便不能供給自己。（「中國工人所受不平等條約之害」）

孫中山的這段話，還概括了中國農業經濟的破產。破產後的農民，一方面出外移民，故馬來亞華僑從一八四九年的二萬七千九百八十八人，至一九〇一年增加爲二十八萬一千九百三十三人，增加九倍。印尼華僑也從一八六〇年的二十二萬一千人，增至一九〇〇年的五十三萬一千七百人，增加一倍多。

另一方面，破產的農民走向帝國主義來華設立的工廠，來華設廠的外資，對中國工人的剝削眞是敲骨吸髓。中國工人的生活無保障，每日工作平均十二小時以上，而其所得，一九〇五年，上海紗廠工人每日工資不過在二角至二角五分左右，打包工人更低，僅一角。外國資本家利潤則在百分之三百至四百。

還有更多的農民變成孫中山所說的，「本國的手工業從此失敗，人民無職業，便成了許多游民，這就是外國經濟力壓迫的情形。」（「民族主義」，第二講）這些游民在近代中國史上便成爲軍閥的兵源，騷亂的土匪，革命的羣眾，也就是近代中國的動亂之源。

列強對中國經濟的剝削除了以經濟方式進行外，還有對清政府的賠款要求，這些賠款還不又是轉嫁到老百姓身上，並且，還要外加官吏從中層層的貪污所得。農村破產，游民日增的情形，不但不見好轉，反而日趨嚴重。

據《東華錄》的諭旨，涉及民變者，從一八四一年到一八五〇年間，就有十四件之多，無年無之。被地方官吏隱瞞者尚未包括在內。終於，以破產農民爲主體的太平天國，就在一八五一年，鴉片戰爭後的十年發生了。李劍農指出太平天國形成之原因包括：「對外貿易的鴉片輸入逐年增加，現銀流出日多，銅錢價格低落，物價日趨騰貴，田賦的負擔因銀價騰貴而加重，農民生活益困。」（《中國近百年政治史》，六〇頁）

韓逋仙也說：「帝國主義者商品之所以能够大量輸入而無阻，又是因了滿清政府始而放縱，繼而無法保護，甚至訂下許多足以致全國國民經濟死命之條約所致，滿清政府之所以爲當時人民痛恨澈骨者，非無故也。」（《中國近代史》，七八頁）

雖然橫掃江南半壁的太平天國被鎮壓下去了，並且隨著帝國主義入侵中國而來的傳敎士橫行各地，但是，敎民衝突日有所聞。終於在一九〇〇年，北方農民爆發了大規模的義和團運動。孫中山分析義和團發生的原因時說：

那時候的中國人民雖然沒有明白透了他的滅種政策，只是生計的壓迫一日緊似一日，不由得不害怕，不由得不著急。這也是義和團事件發生的重要原因啊！除了以上兩項（按：指政治侵略與經濟侵略）之外，還有宗敎的侵略。他們用政治力經濟力來耗奪中國人的物質還不算，又用宗敎來耗奪中國人的精神。一般神甫牧師倚仗著他們的國力，包庇敎民，干與詞訟，欺壓吃敎以外的人，無所不至，受其虐者忍心刺骨。這也是義和團發生的重要原因啊！（宣言：「中國國民黨爲九七國恥紀念宣言」）

處在民族危機緊急中的中國知識份子，莫不憂心如焚，滿懷激烈。愛國知識份子譚嗣同就曾寫下這樣的詩句：

世間無物抵春愁，合向蒼冥一哭休。
四萬萬人齊下淚，天涯何處是神州。

許多愛國的知識份子，面對著祖國的危急，莫不想用這樣或那樣的辦法來拯救祖國的危難。譚嗣同走上變法維新的道路。空餘「投門望止思張儉，忍死須臾待杜根。我自橫刀向天笑，去留肝膽兩崑崙」的悲歌。另外，孫中山則走上革命的道路，推翻滿清，建立民國。

中國民族自求解放

孫中山之革命活動自檀香山興中會始，即宣言：

方今強鄰環列，虎視鷹瞵，久垂涎於中華五金之富，物產之饒。蠶食鯨吞，已效尤於接踵；瓜分豆剖，實堪慮於目前。有心人不禁大聲疾呼，亟拯斯民於水火，切扶大厦之將傾。（宣言：「檀香山興中會成立宣言」）

由此可知，孫中山革命之初，即將反帝國主義的任務列爲革命的綱領。這乃是因爲帝國主義嚴重地破壞了中國人的「中國者，中國人之中國也」。當歐美帝國主義向全球擴張之後，各地被壓迫民族之民族主義莫不以帝國主義爲其民族革命的對象，中國自不例外。

再者，近代中國之危機來自帝國主義的壓迫，如何解除帝國主義之壓迫，爲一切愛國主義者迫切的課題，更是任何革命家都必須面對的問題。其實孫中山和許多革命先進先烈，都是有感於祖國之危機才走上革命之路的。

什麼是帝國主義？各家之說卻甚紛紜。

最早研究帝國主義的著作，當數英國經濟學家霍布生（John Atkinson Hobson, 1858-1940）的《帝國主義》（*Imperialism*, 1902）。他的主要論點認爲：帝國主義乃是一少數資本家爲圖私人利益，利用國家力量對外開拓，增加自己財富。對內則爲安撫下層民衆，而使之趨於腐敗。所以，他認爲帝國主義乃是：「由於一種過份的貪婪與利得的心理加上人類歷史上因進行生存競爭所遺留下來的支配慾，所促成的國民生活墮落的傾向。」這種傾向對民族國家是不利的，故「將帝國主義認作民族國家的政策，此乃一個無恥的謊言。對外擴張政策，一舉一動，均違反民族國家的利益。」

少數資本家可以利用國家力量，這已表示少數資本家有權控制國家政治，如此之資本主義當爲壟斷資本主義。

馬克思主義派爲批判資本主義，也展開對帝國主義問題的討論。

考茨基（Karl J. Kautsky, 1854-1938），一九一五年在德國發行的《新時代》雜誌上發表其所著「帝國主義論」。他認為帝國主義是各工業資本主義國壓迫農業國的衝動。由於工業國的商品生產乃由工農業的交互作用，而造成工業與農業的不平衡。於是那些工業國為迫於取得原料與市場，自必產生對農業國的併呑和壓迫。這就是帝國主義，換言之，帝國主義乃工業國對農業國的剝削。但列寧則稱考茨基的帝國主義論是「超級的廢話」。

德國馬克思主義者盧森堡（Rosa Luxemburg, 1871-1919）女士說：「所謂帝國主義，乃對尚未佔領之非資本主義殘部之角逐戰爭中，資本積累過程之政治的表現。」

俄國的列寧則於一九一六年發表《帝國主義——資本主義最後階段》一書。他在書中指出：資本主義發展到高度壟斷的階段，出現財政寡頭政治，對外資本輸出。所以，他說：「如果必須給帝國主義下一個最簡單的定義，那麼可以說，帝國主義是資本主義的壟斷階段。」列寧全書要旨在於說明帝國主義來自資本主義之發展，但資本主義發展至帝國主義也就來日無多了。

奧國經濟學家熊彼得（Joseph Schumpeter, 1883-1950）則認為：

將帝國主義描述為資本主義的必然階段，甚至說由資本主義發展為帝國主義，乃根本之錯誤。在前面我們曾見到，資本主義世界的生活方式，並不鍾愛帝國主義。（Joseph Schumpeter: *Imperialism and Social Classes*, p. 89, 1951, New York）

它雖與民族主義和軍國主義並不契合，但卻由相互支援而結合。不僅在歷史上，並且在社會學上，它也是專制國家的遺產，為其結構要素、組織形式、利益陣線和人文態度之遺產。外來的前資本主義之武力是專

制國家所組成的，是早期資本主義辦法的一部分。帝國主義它決不會包含在資本主義本身的內在邏輯之內。（同前，p. 97）

熊彼得之論主要是爲自由資本主義作辯護的。甚至說到「帝國主義乃是一個國家毫無目的之意向，從事漫無止境而使用強力的向外擴張。」是「爲著擴張而擴張，爲著戰爭而戰爭，爲著勝利而勝利，爲著統治而統治。」簡言之，帝國主義與資本主義無關。只與專制、民族主義、軍閥主義有關。

依熊彼得之意，近代世界應該根本沒有民主國家對外的帝國主義。這種說法與身受帝國主義壓迫之民族的感受有很大的不同。以至造成第一次世界大戰後，共產主義在被壓迫民族中的迅速擴張，致使社會帝國主義取代資本帝國主義。

孫中山站在被壓迫民族的立場上，對帝國主義也有一定的認識和討論。他對帝國主義的定義爲：

「什麼是帝國主義呢？就是用政治力去侵略別國的主義。這種政策，現在名爲帝國主義。」「如果政治的海陸軍力不够，便用經濟力去壓迫；如果經濟力有時而窮，便用政治的海陸軍力去侵略。他們的政治力幫經濟力，好比左手幫助右手一樣。」（「民族主義」，第四講）

孫中山雖將帝國主義界定爲一種政治力的表現，但亦指出其經濟力的背景。

帝國主義的政治力包括軍事和外交兩種手段。孫中山指出：

> 兵力是用槍砲，他們用槍砲來，我們還知道要抵抗，如果用外交，只要一張紙和一支筆，用一張紙和一支筆亡了中國，我們便不知道抵抗。在華盛頓會議的時候，中國雖然派了代表，所議關於中國之事，表面都說爲中國謀利益。但華盛頓散會不久，各國報紙便有共管之說發生，以後必一日進步一日，各國之處心積慮，必想一個很完全的方法來亡中國。（「民族主義」，第五講）

孫中山還認爲經濟力的壓迫也是中國民眾不易察覺得到的，他說：

> 經濟力的壓迫，比較帝國主義──就是政治力的壓迫還要利害。政治力的壓迫是容易看得見的，好比此次列強用二十多隻兵船來示威，廣州人民便立時覺得痛癢，大家生出公憤。故政治力的壓迫，是容易覺得有痛癢的。但是受經濟力的壓迫，普通都不容易生感覺，像中國已經受了列強幾十年的經濟力壓迫，大家至今還不太覺得痛癢，弄到中國各地都變成了列強的殖民地。（「民族主義」，第二講）

在帝國主義經濟力的壓迫下，原有經濟結構瓦解，大量的破產農民成爲游民。另一方面，中國的工業又欲振乏力。例如：

> 當歐戰時，各國不能製造貨物輸入中國，所以上海的紗廠布廠一時是很發達的。由此所得的利益便極大，對半分利，資本家極多。但歐戰以後，各國貨物充斥中國，上海的紗廠布廠，從前所謂賺錢的，至今都變成了虧本了，土貨被洋貨打敗了。（「民族主義」，第二講）

爲什麼「土貨被洋貨打敗」，除了洋貨爲先進工業品外，還因中國的關稅在不平等條約下喪失了自主權。關稅制度變成了保護洋貨打擊土貨的工具。所以，孫中山沈痛的指出：「我們要解決民生問題，保護本國工業不爲外國侵奪，便先要有政治力量，自己能够來保護工業。」（「民生主義」，第四講）

民國初年，軍閥割據，列強又各自勾結軍閥破壞中國的統一，擴張自己在華的勢力。也使中國變成列強軍火的市場，各國製的子彈在中國戰場上紛飛，射入的都是中國人的胸膛。爲求中國之統一和發展，取消不平等條約和打倒帝國主義，成爲中國革命迫切的課題。要如何打倒帝國主義？孫中山說：

我們要打倒帝國主義，必須有全盤的計畫準備，決不是輕舉妄動所可以奏效，也不是僥倖嘗試所可以成功。要達到打倒帝國主義的目的，至少限度，我們必須針鋒相對，確立一種主義，並嚴定實行主義的步驟，糾合大多數的人民，團結一個牢不可破的團體，方才能把打倒帝國主義的責任負荷起來。不然，中國人民依然一盤散沙似的，只有永遠的給帝國主義之踐踏，還能說什麼打倒帝國主義呢？（宣言：「中國國民黨爲九七國恥紀念宣言」）

進而言之，就是孫中山遺囑中所說的「喚起民眾及聯合世界上以平等待我之民族共同奮鬥」。如何聯合其他民族共同奮鬥。他說過：

所有的弱小民族，都是被強暴的壓制，受種種的痛苦。他們同病相憐，將來一定聯合起來，去抵抗強暴的國家。那些被壓迫的國家聯合，一定去和那些強暴的國家拼命一戰。（「民族主義」，第一講）

如何喚起和團結民眾，那就要以民族主義恢復中國為中國人之中國。

恢復中國人的中國

孫中山欲挽救中國之危亡，並非起始卽以推翻滿清為職志的。他和譚嗣同一樣，希望清廷能有所改革，以求中國之富強，故於一八九四年，上李鴻章書，痛陳「人能盡其材，地能盡其利，物能盡其用，貨能暢其流」之策。但當時清廷已喪失改革以求新機的可能。向李鴻章上書被拒之後，他對清廷改革的幻想很快就破滅了，並覺悟到，滿清之無法振作以對付外來列強的侵略，乃是因為滿清為異族入主中原。所以，要拯救中國抗禦列強，中國必須從滿族的專制壓迫下解放出來，然後才能從列強帝國主義的束縛中解放出來。因此，他的民族思想是從漢族之解放到中華民族之解放的，也就是要徹底達到「中國者，中國人之中國也」。

中國民族由夏而漢而近代，自有其發展衍綿之精神，唯滿族入關後，欲消滅漢族思想。中國民族賴以生生不息的精神，也就是中國的民族思想喪失了。所以，孫中山說：

觀中國歷史之所示，則知中國之民族，有獨立之性與能力。其與他民族相遇，或和平而相安，或狎習而與之同化。其在政治不脩及軍事廢弛之時，雖不免暫受他民族之蹂躪與宰制，然率能以力勝之。……蓋民族思想，實吾先民所遺留，初無待於外鑠者也。余之民族主義，特就先民所遺留者，發揮而光大之，且改良其缺點。（著述：「中國革命史」）

中國自夏以後，漸有民族之形成，而產生民族意識，致有「非我族類，其心必異」的我族意識出現。中原各氏族是爲「諸夏」，故管仲言：「諸夏親暱不可棄。」孟子說：「吾聞用夏變夷者，未聞變於夷者。」秦漢以後，中國人自稱漢族。曾有蒙古、滿清入主中國，刺激漢民族意識。並曾出現「中國者，中國人之中國也」的觀念。

歐洲民族不同於中國，至十四世紀才形成現代「民族國家」，而有專制政治形態，國家主權屬國王所有——朕卽國家。至法國大革命時，因受洛克、伏爾泰、盧梭、孟德斯鳩等人影響，形成主權在民之觀念，卽國家主權屬於民族（全體國民）所有。經過法國大革命，這個民族主義思潮開始有了具體的實現。

故孔恩（Hans Kohn）在《二十世紀的政治意識型態》一書中論及民族主義的起源時說：

此詞之現代意義，在歐洲的政治活動，起自法國大革命。它融合了十八世紀人道主義的世界主義對主權民族國家的新觀念。雖然這主要是一個法國的改造運動，但革命的同時，帶來了大量的和豐富的對所有個體和全體人民自由和尊嚴的信息。（Hans Kohn: *Political Ideologies of Twentieth Century*, p. 19,

1966)

雷嘉（Mostafo Rejai）在一篇討論東西民族主義的研究報告中亦指出：

法國大革命傳播了民族具有權利與自己的本體的觀念。主權卽完全交付與它。「人權與公民權利宣言」（一七八九年）大膽地宣稱：「主權本卽屬於民族所有：任何團體與任何人集合，都不能適用顯然不是源自於它的權威。」由於法國大革命，民族與國家融合在一起。此正供給了吾人國族的原型。（恩格爾等著：《意識型態與現代政治》〔中譯〕，四三頁）

愛默生（Rupert Emerson）也說：

無論何處，其在民族自治奮鬪的意義下而反對外國統治，然其附帶的自治之意義僅爲多數統治而反對少數統治。總之，民族主義不再止於主張安排一個特殊的「我們」來反對其餘人們的「他們」，然其本身，對這個「我們」如何可能選擇管理自己事務，則未有暗示。

民族主義和民主的課題在許多重要的點上是縱橫交錯的，在根本上，可以認識到它們之間有交錯的內在關係。在一些例證中，民族主義和民主曾有過相互密切的聯合，以致幾乎無法區別。（Rupert Emerson: *From Empire to Nation*, p. 213-214, 1970）

孔恩在爲新版大英百科全書闡述民族主義的論文討論到近代民族主義的發展時說：

> 常常有人認爲民族主義是古已有之的。有時候民族主義甚至被以爲是政治行爲中的一種永恆的要素。實際上，美國獨立革命和法國大革命，才能算是民族主義的第一次強大的表現。在民族主義向拉丁美洲滲透之後，十九世紀初，向中歐擴散，在將近十九世紀中期時，它又從中歐向東南歐發展。在二十世紀初，民族主義在亞洲和非洲古老的土地上開花。（*Encyclopedia Britannica*, Vol. 12, p. 851, 1978）

孫中山之以民族主義爲救中國之寶貝，其民族主義亦包括兩個部份，一是目睹列強對中國主權之侵犯，中國將爲非中國人之中國；二是他所強調的，民族主義爲「民有」(of the People)之義。所以，他的民族主義實完整的具有近代世界民族主義之涵義。例如，一九二一年，他在一次演講中就說：

> 所以「民族主義」就是和「民有」的意思一樣。革命成功以後，中國的土地和主權，已經由滿清皇帝的手裏奪回到中國人民的手裏來了。但是我們人民徒有政治上主權之名，沒有政治上主權之實，還是不能治國。必須把政治上的主權，實在拿到人民手裏來，才可以治國，才叫做民治。這個達到民治的道理，就叫做民權主義。（演講：「三民主義爲造成新世界之工具」）

孫中山不但具有不受外國統治之觀念，且具主權在民之思想。用他的兩句話來表達這種民族主義的有：

> 蓋中國爲中國人之中國，決不能爲非中國人所宰制。（演講：「開發陽朔富源方法」）

中國者，中國人之中國也，最終之決定，當在國民。（著述：「中國存亡問題」）

民族主義由於強調主權屬於民族所有，或「中國者，中國人之中國也」，故與民權主義或民主思想不能不有「交錯的內在關係」，這種關係在孫中山的思想中也表現出來，他說：

民族卽民有也。天下者，天下人之天下，非一二人所可獨佔。民權卽民治也。從前之天下，在專制時代，則以官僚武人治之，本總理則謂人人皆應有治之之責，亦應負治之之責，故余極主張以民治天下。（演講：「黨員須宣傳革命主義」）

雖然，民族主義和民權主義有許多的交錯之點，但依照孫中山之說，民族主義之核心爲主權所有問題，民權主義則爲治理方式之問題，且民族主義爲民權主義之必要條件，民權主義則爲民族主義的充分條件。

滿清推翻後，孫中山曾說明他的排滿的漢民族主義——

我國去年之革命是種族革命，亦是政治革命，何則？漢滿蒙回藏五大族中，滿族獨佔優勝之地位，握無上之權力，以壓迫其他四族。滿州是主人，而他四族皆奴隸，種族間之不平等，達於極點。種族不平等，自然政治亦不能平等，是以有革命。（演講：「五族協力以謀全世界人類之利益」）

中國是多民族國家，國內不止五族，所以，後來孫中山補充說：「現在說五族共和，實在這五族的名詞很不切當。我們國內何止五族呢？我的意思，應該把中國所有各民族融成一個中華民族。」（演講：「修改章程之說明」）中華民族之成功決非大漢沙文主義之成功，而是「漢族當犧牲其血統、歷史與夫自尊自大之名稱，而與滿、蒙、回、藏之人民相見以誠，合爲一爐而冶之，以成一中華民族之新主義。」（手撰本《三民主義》）

中華民族演進至今，「中國者，中國人之中國也」，亦卽「中國者，中華民族之中國也」。

世界潮流浩浩蕩蕩

一八九四年六月，孫中山上書李鴻章，是年十一月與中會會員的秘密誓詞卽云：「驅逐韃虜，恢復中華，創立合眾政府。」「驅逐韃虜」當指推翻滿淸；「恢復中華」，以其公開宣言之意，亦當包括打破列強對中國的控制；「創立合眾政府」，已表示孫中山革命之初卽懷創立中國民主制度的決心。至一九〇五年，同盟會誓詞中明言：「創立民國」。中國之革命，至此由帝制之輪替進入了民主革命的階段。

從理論上說，「民族卽民有也。天下者，天下人之天下，非一二人所可獨佔」，那麼民族主義的國家必然爲主權在民之民國。歸納孫中山建立民國，倡導民權之理由可以如下：

(1)世界潮流：自法國大革命以降，民權蔚然爲不可抵抗之世界潮流，中國要立足於世界諸國之林，必須順合此一潮流。

⑵歷史階段：人類由神權時期、君權時期而民權時期，中國已經過神權與君權二時期，接著而來者爲民權時期，此爲中國歷史發展之必然階段，任何反動力量無法阻止其發展。

⑶長治久安：中國歷代政爭之循環砍殺，爲爭奪政權而流血不已，此乃因無和平之方式以解決政權問題。太平天國之失敗，尤爲前車可鑑。欲求中國之長治久安，減免人民由政爭內戰所帶來之痛苦，非民主無其他途徑。

近代西方民主國家解決政權問題，皆以選舉方式達成政黨之輪替，此爲孫中山考察西方政事所熟悉者。辛亥革命成功後，各政黨紛紛成立，故孫先生樂觀的以爲從此中國可以步上民主政治之常軌。一九一二年四月十八日，在上海對自由黨演說稱：

> 數月來各處政黨民黨發生甚多，然皆未能十分完備。當此共和時代，無論政黨民黨，有互相監督，互相扶持之責，政府善則扶持之，不善則推翻之。然我現在民黨之勢力，尚甚薄弱，恐未能達此目的，惟既具此心，不可不互相勉勵，各謀進行，對於今後民國，獲益非鮮。（演講：「政黨有互相監督互相扶持之責」）

一九一三年三月一日，又在東京演講：

> 政黨之名詞甚爲新異，中國人多不明白黨之眞義，就是已入政黨的黨員，也不能人人知道政黨之作用。以爲一入政黨，必須袒護本黨，攻擊異黨，不顧國家大局，徒爭一黨之勢力。不知黨與黨的關係，非仇讎，

是對黨。人之入黨當視其心志如何？今日贊成第一黨之政策，即可入第一黨，明日贊成第二黨之政策，即可入第二黨，均屬正當之事。（演講：「政黨之要義在爲國家造幸福爲人民謀樂利」）

他還說到以兩黨之競爭，促進民國的進步。其詞曰：

天下事非以競爭不能進步。當此二十世紀，爲優勝劣敗生存競爭之世界，如政治工業商業種種，非競爭何以有進步。……黨爭有一定之常軌，苟能嚴守文明，不爲無規則之爭，便是黨德。（演講：「黨爭乃代流血之爭」）

誠然，這種估計失之於樂觀。然孫先生所言之義甚爲明顯，他所主張者爲民主之政黨政治。政黨可以用民主的方式擁護政府，也可以用民主的方式和平轉移政權，即「不善則推翻之」。人民還可以自由組黨和入黨。當一個革命黨成爲執政黨之後，孫中山的這些主張應當不是沒有意義的。

由於中國長期受專制政治之束縛，遺毒猶存，民國以後的政治發展，未若孫先生所料之樂觀。首先，袁世凱竊國稱帝，並且有美國學者古德諾（Frank J. Goodnow, 1859-1939）之流來華爲袁世凱鼓吹，說什麼「中國人民的思想不發達，文化超不出歐美，所以不宜用民權。」或曰：國情不同，不宜民權。

當時，孫中山則數次痛斥袁世凱道：

袁世凱之流，必以爲中國人民知識程度如此，必不能共和，曲學之士亦曰：非專制不可也。嗚呼！牛也當能教之耕，馬也尚能教之乘，而況於人乎？今使有幼童入塾讀書者，而語其父兄曰：「此童子不識字，不可使之入塾讀書也。」於理通乎？惟其不識字，故須急於讀書也。（《孫文學說》第六章）

其實教育程度並非民主之必要條件。今日學者多承認人類社會曾經古代民主。英文 democracy 一字亦來自希臘。希臘時代民智有如今日乎？可見問題不在人民的教育程度，何況人民是可以學習的，而眞正的問題乃在於袁世凱的私心自用。

孫先生指責古德諾則曰：

至於外國人對於中國人的印象，把中國人和非洲、南洋的野蠻人一樣看待。所以中國人和外國人講到民權，他們便極不贊成，以爲中國何以能够同歐美同時來講民權？這些見解的錯誤，都是由於外國學者不考察中國的歷史和國情。所以不知道中國實在是否適宜於民權。中國在歐美的留學生也跟外國人一樣，說中國不適宜於民權的，這種見解實在是錯誤。（「民權主義」，第一講）

可見一些反對中國民主的外國人很可能懷有種族偏見。袁世凱自賤賤人，以中國不宜民權，曲學阿世者亦隨聲相附，亦可見近代知識份子之無恥。

由於反動派的不斷破壞民國，而有孫先生主張之「訓政」、「革命民權」和「以黨治國」之說，或以此說可以爲不民主或反民主之根據，則爲大謬。

他之所以主張「訓政」，正是反對那些反民主之論調，據孫先生說，這種反民主的論調，不僅來自反動官僚，而且，也有來自國民黨內部。他說：

所謂訓政者，卽訓練清朝之遺民，而成爲民國之主人翁，以行此直接民權也。有訓政爲過渡時期，則人民無程度不足之憂也。乃當日革命黨員多注重民族主義，而質疑留心於民權主義，故破壞成功之後，官僚則曰人民程度不足也，而吾黨之士又從而和之，曰人民程度不足，不可以行直接民權也。嗚呼！是何異謂小孩曰：「孩子不識字，不可入校讀書也。」試問今之爲人父兄者，有是言乎？（手撰本《三民主義》）

所以，「訓政」是訓練人民做主人，不是訓練人民做順民當奴隸的。甚至對於不願民主的人民，也「只好用些強迫的手段，迫著他來做主人。」（演講「訓政之解釋」）「訓政」雖含強制性，但爲強制人民不可放棄民主權利，這也就是以民主權利爲「不可度讓的權利」，如人無出賣自己爲奴之權。

至於「革命民權」典出一全大會宣言。原文如下：

若國民黨之民權主義，則爲一般平民所共有，非少數者所得而私也。於此有當知者，國民黨之民權主義與所謂天賦人權者殊科，而求所以適合於現在中國革命之需要。蓋民國之民權，唯民國之國民乃能享之；必不輕授民權於反對民國之人，使得藉以破壞民國。詳言之，則凡眞正反對帝國主義之團體或個人，均得享有一切自由及權利。而凡賣國罔民以效忠於帝國主義及軍閥者，無論其爲團體或個人，皆不得享有此等自由及權利。

其中，「非少數人所得而私也」，不但是反對專制和軍閥，並且，是反對資本家以財勢壟斷民權，如許多歐美國家之情形。

「與所謂天賦人權殊科」，中山先生向以爲民權是奮鬥得來，並非任何人之恩賜，也非上帝所賜或天賦。孫中山反對一切人壓迫人的野蠻制度，而提倡新文明，新道德，盧梭等所說之人權，當然包含在孫中山的思想中，孫中山又能超越他們，孫先生所反對者爲「天賦」，決非「人權」。

宣言中所說的「反對民國之人」，究竟是誰呢？很清楚的是指從袁世凱以降的一些大小官僚軍閥，以及買票賄選的曹錕等人。「賣國罔民」又會是誰呢？當然，不會是手無寸鐵的小老百姓，而是那些有權有槍的大小軍閥和官僚。因此，「革命民權」之主張乃是爲掃除民權之障礙，而非鎮壓民主之口實，若有其然，這是對孫中山先生與三民主義的徹底的曲解。

一全大會之主張「革命民權」還有一個當時的背景，即當時中國存在著一個由「豬仔議員」組成的國會。故孫先生強調：「大家都知道現在的代議士，都變成了『豬仔議員』，有錢就賣身，分贓貪利，爲全國人民所不齒。……把國事都付託到一般『豬仔議員』，讓他們去亂作亂爲，國家前途是很危險的。」（「民權主義」，第五講）

孫先生並不贊成「西方式民主」，但理由是他認爲「西方式民主」的民主不足，造成「資本家專制」，今日或有人稱爲「金權政治」，故必須揚棄而超越之。所以，他以五權分立補充西式的三權分立，以直接民權超越西式的間接民權。另外，還有民生主義以預防大資本家的產生，也就是預防「資本家專制」，亦卽以「經濟民主」確保「政治民主」。

至於「以黨治國」，孫中山說：「以黨治國，並不是用本黨的黨員治國，是用本黨的主義治國，諸君要辨別得很清楚！」（演講：「黨員不可存心做官」）民權主義亦卽包括在「本黨的主義」之中，所以，「以黨治國」是民主的，不能爲專制的藉口。

孫先生對民權的信心，並未因革命的挫折而稍減，他爲中國的和平統一，提出國民會議的民主方案，並極力反對段祺瑞等實力派政治分贓的「善後會議」。直到他臨危在病榻上，還以堅定的民主立場，致電段祺瑞反對「善後會議」。電文中說：「良以民國以人民爲主人，政府官吏及軍人，不過人民之公僕。曹、吳禍國，挾持勢力，壓制人民，誠所謂冠履倒置。今欲改弦更張，則第一著當令人民回復主人之地位，而使一切公僕各盡所能，爲人民服役，然後民國得名副其實也。」（函電：「致段祺瑞力爭善後會議應容納人民團體代表電」）

由此可見，從創立興中會到其逝世，凡四十年革命期間，打倒專制，倡導民權，是孫中山先生貫徹始終而不渝的信念和主張。

和平、奮鬥、救中國

近代中國的愛國主義者起而奔走呼籲，至少都會要求對外能獨立自主，對內能維持團結統一。與中會宣言中說：「瓜分豆剖，實堪慮於目前。」而為孫中山革命的動機之一。換言之，也就是要保衞中國的統一。「瓜分豆剖」為外力所促成中國之分裂。但中國內部若亦呈分裂，則國民無以團結共禦外侮，無力禦外就無法擺脫帝國主義之壓迫與控制，也就無法挽救中國之危機。

民國成立，一九一二年元旦，孫中山發表就職宣言，主要的就是提出中國統一問題，他分五方面提出統一的號召。曰：「民族之統一」、「領土之統一」、「軍政之統一」、「內治之統一」、「財政之統一」。

斯時，雖為武昌起義之後，但清帝尚未退位，北方大權操於袁世凱之手，中國實際之統一尚未可期。但若能取得袁世凱對民國的支持，則中國固可由和平之方式達成統一，而免於內戰。所以，在孫中山被選為臨時大總統之後，尚未就職時，就曾電袁世凱表示：「公方以旋乾轉坤自任，即知億兆屬望，而目前之地位，尚不能引嫌自遜，故文雖暫時承乏，而虛位以待之心，終可大白於將來。」（函電：「致袁世凱暫時承乏臨時大總統電」）這也就是說，如袁世凱擁護民國，孫中山願意擁護袁為臨時總統。「億兆屬望」就是希望袁不可忤逆國民之願望，而必起干戈。

就職後的第二天，也就是一九一二年一月二日，又致電袁世凱謂：

文不忍南北戰爭，生靈塗炭，故於議和之舉，並不反對。雖民主、君主不待再計，而君之苦心，自有人諒之。倘由君之力不勞戰爭，達國民之志願，保民族之調和，清室亦得安樂，一舉數善，推功讓能，自是公論。（函電：「復袁世凱解釋誤會電」）

孫中山欲以和平方式達成中國之統一，但不是以大總統之職位作政治交易，而犧牲國民權利。故三天後，也就是一月五日，他又說：「一俟國民會議之後，政體解決，大局略定，敬當遜位，以待賢明。」（函電：「臨時大總統告北軍將士文」）這也就是說，他願意辭職，並擁護袁世凱任大總統職，但是，這要通過國民會議。

國民會議（National Assembly）起自法國大革命。一七八九年，路易十六為加稅，而要召開「三級會議」，然第三階級要求將「三級會議」改為「國民會議」。由於貴族反對，路易十六竟下令封鎖會場，不准第三階級代表入場。代表們則擁至附近一網球場，宣誓以國民會議代表制定法國憲法。此為國民會議之始，時為一七八九年六月二十日。

一九一一年十月十日，武昌首義；十一月二十七日，清軍攻佔漢陽，袁世凱以和議時機成熟，求英國公使朱爾典介紹和議；十二月十八日，革命軍代表伍廷芳與清廷代表唐紹儀首次在上海進行和議。十二月二十九日，舉行第三次會議時，雙方達成協議三項，第一項為：「開國民會議解決國體問題，從多數取決，決定之後，兩方均須依從。」第二項為：「國民會議未解決國體以前，清政府不得提取已經借定之洋款，亦不得再借新洋款。」這是中國最早的國民會議的倡議。

十二月三十日，有關國民會議事宜獲得協議者為：

(1)國民會議由各處代表組織，每一省爲一處，內外蒙古爲一處，前後藏爲一處。
(2)每處各選代表三人，每一人一票，若有某處到會代表不及三人者仍有投三票之權。
(3)開會日期，如各處到會之數，有四分之三，即可開議。
(4)各處代表，江蘇、安徽、湖北、江西、湖南、山西、陝西、浙江、福建、廣東、廣西、四川、雲南、貴州，由中華民國臨時政府發電召集；直隸、山東、河南、東三省、甘肅、新疆，由清政府通知該省諮議局；內外蒙古及西藏由兩政府分電召集。

袁世凱鑑於國民會議不便其操縱，藉口唐紹儀越權簽定條款，不肯承認。後再經磋商，二月十二日，由袁世凱擬定清帝退位詔書，宣布退位，共贊民國。十三日，孫中山實踐諾言，向參議院辭臨時大總統職，並薦袁世凱稱：「此次清帝遜位，南北統一，袁君之力實多。其發表政見，更爲絕對贊成共和，舉爲總統，必能盡忠民國。且袁君富於經驗，民國統一，賴有建設之才。故敢以私見貢於貴院，請爲民國前途熟計，無失當選之人，大局幸甚。」

孫中山爲中國之和平統一，薦袁世凱以自代，雖袁世凱後竊國以亡，然孫中山唯以國家民族爲念之偉大胸懷，永遠成爲中國政治家之典範，永垂不朽！

袁世凱死後，軍閥割據混戰，孫中山侷促廣東無一日或忘中國之統一，並建立黃埔軍校，以爲和平統一中國之武力後盾。曹錕、吳佩孚失敗，一九二四年，段祺瑞、馮玉祥電邀孫中山北上共商國事，北上前再次提出「國民會議」主張。並主張於國民會議之前，先行召開預備會議。

他認為預備會議的團體應包括：現代實業團體、商會、教育會、大學、各省學生聯合會、工會、農會、共同反對曹吳各軍、政黨等九種代表，後來他又提到要加入新聞團體，並由預備會議決定國民會議之基礎條件，及召集日期、選舉方式等事宜。

至於國民會議的召開。他說：

國民會議之組織，其團體代表與預備會議同。惟其代表須由各團體之團員直接選舉，人數當較預備會議為多。全國各軍皆得以同樣方式選舉代表，以列席於國民會議。於會議以前，所有各省的政治犯完全赦免，並保障各地方之團體及人民有選舉之自由，有提出議案及宣傳之自由。（宣言：「北上宣言」）

至於國民黨與國民會議之關係。宣言中云：

本黨之主張，雖自信為救濟中國之良藥，然欲得國民之了解，亦大非易事。惟本黨深信國民自決為國民革命之要道，本黨所主張之國民會議實現之後，本黨將以第一次全國代表大會宣言所列舉之政綱，提出於國民會議，期得國民徹底的明瞭與贊助。

孫中山這種以民主方式統一中國的主張一出，受到熱望求治的中國人民和輿論界的熱烈支持。段祺瑞等則謀以「善後會議」抵銷之。「善後會議」說穿了，就是以大小軍閥、官僚政客匯聚一堂的政治分贓。孫中山當然不能答應，而於一九二五年一月十七日，在天津抱病致電段祺瑞云：

夫十四年來會議之屢開矣，其最大者有六年之督軍會議，八年之南北會議，而皆無良果。揆其原因，實由於會議構成份子，皆爲政府所指派，而國民對於會議無顧問之權。既不能選舉代表列席議席，甚至求議會公開而不可得，坐視議會與人民漠無關係，人民不得不守其漠視國事之故習。而人民利害，決不能於會議中求其表現。

三月十一日，孫中山在北京協和醫院的病榻上與同志談話中云：

我此次放棄兩廣，直上北京，爲謀求和平統一。所主張統一方法，是開國民會議，實行三民主義和五權憲法，建設新國家。玆爲病累，不克痊癒，生死本不足念，惟數十年致力國民革命，所抱定之主義，未能完全實現，不無遺憾。甚望諸同志努力奮鬪，使國民會議早日開成，達到實行三民主義五權憲法之目的。如是我在九泉之下，亦堪瞑目。（黃季陸增訂：《國父年譜》，一一九七頁）

此後，孫先生不再語言，直至十二日臨終前，仍不忘中國之和平統一，而連呼「和平、奮鬪、救中國」以歿。「和平、奮鬪、救中國」亦實孫中山爲中國革命鞠躬盡瘁之一生的寫照！

民生主義與中國開發

十九世紀的歐美各國已由工業革命之後，成爲高度資本主義發達的國家，而發展爲瓜分全球的帝國主義國家。但是，中國卻是由於長期的專制，仍停留在以農業生產爲主的匱乏經濟的狀況。

歐美各國由於高度資本主義的發達，社會問題日益嚴重，而有社會主義的興起。正如孫中山所言：

> 歐美自政治革命而後，人人有自由平等，各得肆力於工商事業，經濟進步，機器發明，而生產力爲之大增，得有土地及資本之優勢者，悉成暴富，而無土地及資本之人，則轉因之謀食艱難。由是富者愈富，貧者益貧，則貧富之階級日分，而民生之問題起矣。（手撰本《三民主義》）

追究起來，資本主義社會中的富人之所以致富，不外是控制了資本（機器）和土地。所以孫中山說：

> 推究他們發大財的原因，是由於機器多，製造的貨物多，賺的錢也很多。有機器的人便一日比一日富，沒機器的人便一日比一日窮。（演講：「女子要明白三民主義」）

> 而地主多承有先人之遺業，不耕不織無思無維，而陡成巨富者，是地主以地增價而成資本家，資本家以工業權利而成大地主；城市之地，固盡爲此輩所壟斷，而附廓之田，亦爲之所收買。（手撰本《三民主義》）

在一九一九年他所撰的《三民主義》一文中還說到小資本家和工人的情形爲——

發大財之後，更進一步就是兼併，搞得不獨小工永絕爲資本家之希望，而小資本家亦難以自立，而見併於大資本家，而大資本家又見併於更大之資本家，由是大魚食細魚，遂生出歐美等國資主與工人之兩階級，貧富之懸殊，乃以日而甚矣。

則前用手工生產之時，工人能退而自營其業，不專靠資主，僱以謀生活也；惟今失業之九百人，若退而自營其業，則彼手工之生產，必不及機器生產價值之廉，是工人萬不能與資主競爭，則惟有仰給資主以爲生活，資主所需一百之工，則有千人貶價以爭僱，前之工值一元者，今或半元而已有受僱者矣。

在這種情形下，孫中山目睹西方社會革命潮流高漲，亦預見未來之慘烈，而思之中國之未來，故有民生主義的提出。

雖然，孫中山說過：民生主義就是社會主義或共產主義。但是，歐美的社會主義是要解決高度資本主義工業社會的問題，自與民生主義所要解決的生產落後的農業社會的問題有別。簡言之，民生主義之目的在於促進中國之生產，同時防止資本主義弊病發生於未來。

故孫中山說：

中國近代進步雖遠，似有不幸，然若能取鑑於歐美之工業革命，經濟發達所生出之種種流弊而預爲設法杜絕之，則後來居上未始非一大幸也。顧思患預防之法爲何？卽防止少數人之壟斷土地、資本二者而已。（手撰本《三民主義》）

土地問題實分爲都市與鄉村兩個部分，如何解決之？

至於都市土地，孫中山主張以「平均地權」的方法解決之。其具體之辦法爲：自定地價、照價徵稅、照價收買、漲價歸公、新市地國有五種。

由地主自定地價，政府依其價抽稅，如自定地價不實或政府有特殊用途則照價收買。土地買賣時，所漲之地價，卽超出自定地價之部分，當歸國家所有。但如何做到眞正的漲價歸公，而不至舞弊營私，孫中山的構想是：「此後所有土地之買賣，亦由公家經手，不得私相授受。」（方略：「地方自治開始實行法」）若無土地買賣公家經手，漲價歸公其實是做不到的，平均地權也必落空。

新市地國有，則指今後以國家之力新建之港口、都市的土地由國家經營。孫中山曾指出：「卽凡天然之富源，如煤鐵、水力、鑛油等，及社會之恩惠，如城市之土地、交通之要點，與夫一切壟斷性質之事業，悉當歸國家經營，以所獲利益，歸之國家公用。」（著述：「中國實業當如何發展」）

至於鄉村土地，也就是農田，孫中山的辦法是「耕者有其田」。在當時孫中山曾提出過三項政策：(1)限田政策：卽「在一定時期之後，私有土地所有權不得超過法定限度。」（宣言：「中國國民黨改進宣言」）(2)授田政策：卽「農民之缺乏田地淪爲佃戶者，國家當給以土地，資其耕作。」（宣言：「中國國民黨第一次全國代表大會宣言」）(3)貸田政策：卽「國家所得土地應均爲農莊，長期貸諸移民，而經始之資本、種子、器具、屋宇，應由國家供給，依實在所費本錢，現款取償，或分年攤還。」(《實業計畫》，第一計畫)這主要的指未開發的邊遠地區。

孫中山認爲，中國是一個生產落後的國家，資本不發達，只有大貧和小貧之分，無法實行共產，因爲無產可共。也就是說，中國當時還沒有可供國家所有化之資本。所以，中國無法和歐美一樣去共已有的產，而只能創造可共之產。亦卽必須在求富中求其均。卽「我們所主張的共產，是共將來不是共現在。」(「民生主義」，第二講)

如何在求富中求其均，關於資本問題之解決，孫中山提出了「發達國家資本」和「節制私人資本」的兩個辦法。什麼是「節制私人資本」？中國國民黨一全大會宣言中說：

> 凡本國人及外國人之企業，或有獨佔的性質，或規模過大爲私人之力所不能辦者，如銀行、鐵路、航路之屬，由國家經營管理之，使私人資本不能操縱國民之生計，此則節制私人資本之要旨也。

當然，「能操縱國民之生計」者，不止以上所列三種。應由「國家經營管理之」的，該是「一切壟斷性質之事業」。然「節制私人資本」並非禁止私人資本，甚至於孫中山還鼓勵私人資本投向生產性的工商業，而阻止其流爲「炒地皮」。例如：「地權既均，資本家必捨土地投機業，以從事工商，則社會前途將有無窮之希望。蓋土地面積有限，工商之出息無限，由是而製造事業日繁，世界用途日廣，國利民福，莫大乎是。」(演講：「平均地權」)當然，孫先生此處所指爲小資本，不得具有壟斷性質而操縱國民生計的。

由於中國是貧國，必須發達資本，但大資本又不能由私人來發達，因此，也只有由國家來發展大資本、大企業。孫中山主張發達國家資本的理由可以有三點：⑴中國生產落後必須發達資本。⑵鑑於歐美私人資本發達之弊端。⑶中國無大資本家可以投資於大企業，唯以國家之力爲之。

孫中山說：「何謂製造國家資本呢？就是發展國家實業是也。……言前商業時代之資本爲金錢，工業時代之資本爲機器，故當由國家經營，設備種種之生產機器爲國家所有。」（「民生主義」，第二講）

資本主義之要旨在於生產工具之私有，社會主義之要義在於生產工具之公有。雖「節制私人資本」，但還是屬於資本主義之範疇，唯使之不致成爲壟斷資本主義；「發達國家資本」應爲社會主義。故孫中山解決資本問題所採用的方法爲資本主義與社會主義兼而有之，此種構想實開混合經濟體制之先河。

資本不能無中生有，除了自然積累外，孫中山還主張借用外資。對中國而言，是爲「拿外國已成的資本，來造成中國將來的共產世界」；但對列強而言，資本輸出應爲帝國主義政策所欲達成之目的。

第二次世界大戰後，各殖民地紛紛獨立，原來的殖民主義統治迅速崩潰，但又有「新殖民主義」（Neo-colonialism）的興起。麥杜夫（Horry Magdoff）在論到「新殖民主義」時說：

（這種有別於對完全之殖民屬國的控制和影響的方式，也很難說是一種新的東西。其實，非正式帝國（informal empire）仍具有一項重要的成分，它始終是由資本主義演化而來的，即保障市場與取得原料的方式。非正式帝國和完全之殖民主義一道，幫助了促成和維持工業先進國與原料及食物供應國之間的國際分工。然而這種非正式帝國取代了正式的殖民統治，並將新的機器設備引入而予以控制，如此而普遍是第二次大戰後才興起的。此之謂「新殖民主義」。（*Encyclopedia Britannica*, vol. 4, p. 904-905, 1974）

由於「新殖民主義」，致使富國與貧國之間的貧富差距，愈來愈大，而有今日之「南北對抗」和「南北會議」的出現。

麥杜夫所說的「新殖民主義」正是孫中山所說的「次殖民地」。孫中山所主張「利用外國資本，開發中國實業」的政策，正是要把中國從「次殖民地」或「新殖民主義」的境地中解放出來。因此，我們就必須區別孫中山的「利用外資」與帝國主義的「資本輸出」有何不同。

(1)「資本輸出」的發展之權握於帝國主義；而「利用外資」的發展之權必須握於自己。孫中山老早有鑑於此而言：「唯發展之權，操之在我則存，操之在人則亡，此後中國存亡之關鍵，則在此實業發展之一事也。」（《實業計畫》，中文本序）

(2)「資本輸出」之經營權握於外國商人；「利用外資」之經營權則屬於國家。孫中山認爲中國發展實業之途可以有個人企業和國家經營，在《實業計畫》——即國際共同開發中國計畫——所言之外資，即屬國家經營的範圍，即「此類國家經營之事業，必待外資之吸集，外人之熟練而有組織才具者之佢傭，宏大計畫之建設，然後能舉。」（《實業計畫》，第一計畫）「新殖民主義」起於第二次世界大戰後，所謂「非正式帝國」或稱「新帝國主義」，「新帝國主義」亦有人稱為「科技帝國主義」。第三世界國家對於外資，除了要有發展的政策之權和經營的管理之權外，還必須要有獨立的科技知識的權力，才能與列強並駕齊驅。這也就是孫中山所說的「迎頭趕上去」！

中華民族迎頭趕上去

在「上李鴻章書」中，孫中山就說過「倣行西法，以籌自強」的話；後來俄共成功之後，他又說過「以俄為師」的話。作為科學的歷史研究，任何人無法掩飾或篡改此一事實，但作一歷史科學的研究者也當知，一歷史性的命題必還原到其具體的歷史背景中才能具有眞實的意義。

中國為一貧弱的國家，歐美之富強，當然為懷有救國之志者所期望的榜樣。我們欲求歐美之富強，但如何達到此一目的，是否也可以用歐美之制度？經過後來實踐的證明，獨立後的印度行英制，菲律賓行美制，並未能達成彼國之富強。中共亦在中國實行俄制，而有三十年後的「困難成山」，和其中的「十年浩刼」。「富強」為吾人所欲者，然如何達成富強，至今還是第三世界國家懸而未能決的難題。

因素這也就是說，「仿行西法」和「以俄為師」都失敗了，在大陸有青年提出「中國往何處去」的問題，其實這也是當今第三世界各國所面臨的共同課題。「仿行西法」，「西法」是資本主義；「以俄為師」，俄國是社會主義；此二者又水火不容。這究竟是什麼意思，我們必須研究。

在「上李鴻章書」中，他是以「人能盡其才，地能盡其利，物能盡其用，貨能暢其流」的「歐洲富強之本」，來批判清廷「船堅砲利，壘固兵強」的「仿行西法」之皮毛。當然，孫中山也主張學習一些西方進步的事務。

在一九二四年一月二十五日的演講中，孫中山說到「現在有俄國的方法以為模範，雖不能完全倣效其辦法，也應倣效其精神，才能學得其成功。」（演講：「政黨之精神在黨員全體不在領袖一人」）在此已明言「不能完全倣效其辦法」，所應倣效的精神則為「列寧先生個人之奮鬪及條理與組織之完善」。

孫中山生長於十九世紀到二十世紀的中國，他的思想與知識當然受到這一特定歷史時期中的中外思潮之影響，並且，在他的思想體系中出現一定的反映。

他常言之「世界潮流」，並且有「世界潮流，浩浩蕩蕩，順之者昌，逆之者亡」的題字，其實就是指歐美近代的民主潮流。他的「共和」、「憲法」、「政黨」、「選舉」等的觀念也多來自歐美近代民主政治。他又把這樣的民主思想與中國原有的民主思想及政治制度結合起來而有所發明。

在《五權憲法》中，考試、監察固爲中國所原有；然行政、立法、司法分立之觀念，不能不說是受到孟德斯鳩以來之影響。對歐美三權分立之政體，他發現有不足，故他有倣效，也有補充。他發現代議制的不足，而欲行直接民權。他發現「資本家專制」是階級政治，而欲行全民政治。

一八九六年，倫敦蒙難後，孫中山在英國，接觸到歐洲社會主義思想，而見資本之弊端，但中國不是高度資本主義發達國家，無產可共，故有其「共將來不是共現在」的共產主義——民生主義。

爲求中國之解放，他曾「聯俄」以共同反帝；爲求打倒軍閥統一全國，他曾容共，改組國民黨。但自始至終，他沒有放棄三民主義，並且，曾正式的與越飛共同宣言，蘇維埃不能實行於中國。

他對歐美資本主義有很深刻的批評，但對集歐洲社會主義大成的馬克斯也有根本理論上的批判，尤其不能同意馬克斯所認爲的，以階級鬭爭爲歷史進化之動力。他認爲歷史進化的動力，不是階級鬭爭，鬭爭是不得已的，是對已有的文明之破壞。人類進步的力量來自階級和社會的合作。但他同意馬克斯對歐洲資本主義的批判，而不同意馬克斯以階級鬭爭爲新社會建立的動力。所以，他說，馬克斯只是一個病理學家，而不是一個生理學家。

總之，他曾深入研究西方的資本主義和社會主義思潮，並有所批判，而在其中歸納一些可能適用於中國的原則。因此，他雖然曾說過一些「倣行西法」和「以俄爲師」的話，但並不是依樣畫葫蘆，生吞活剝的照搬歐美或俄國經驗，因此，也就不是後來所說的「西化」或「俄化」。什麼是「西化」（westernization）？那是一個與「西方文化」（western culture）並不完全雷同的概念，而是西方列強向外殖民，對殖民地所施行的一種政策，現在或美其名曰「現代化」（modernization）。「俄化」也就是俄式的殖民化。孫中山畢生之努力在於爲求中國之自由平等，自不能接受任何形式的殖民主義。但要求中國之富強，不能不借助於西方已有之知識和科學，亦卽近代西方文化。

孫中山對外來文化的態度是謙虛而自信的。他謙虛的承認中國文化在近代之落後，但自信中國民族有固有之道德和智能，並且必將復興於未來。他懇切的說過：「恢復我一切國粹之後，還要去學習歐美之所長，然後才可以和歐美並駕齊驅。如果不學外國的長處，我們仍要後退。」（「民族主義」，第六講）但他學習外國的方式，卻是採取批判的方式。他除了在理論上批判了西方的資本主義和社會主義外，並且，在學習歐美之所長的實踐中，他提出了幾點原則：

(1)要恢復中國民族的自信心。他批評近代人喪失民族自信心時說：「中國人從經過義和團之後，完全失掉了自信力。一般人的心理，總是信仰外國，不敢信仰自己，無論什麼事，以爲要自己去做成，單獨來發明，是不可能的，一定要步歐美的後塵，要倣效歐美的辦法。」（「民權主

義」，第六講）

(2)學習歐美之所長，必須根據中國的現實，否則，徒然東施效顰，畫虎不成反類犬。他說：「因爲歐美有歐美的社會，我們有我們的社會，彼此的人情風土，各不相同。我們能夠照自己的社會情形，迎合世界潮流去做，社會才可以改良，國家才可以進步。如果不照自己的社會情形，迎合世界潮流去做，國家便要退化，民族便受危險。」（「民權主義」，第五講）

(3)對歐美所長，要迎頭趕上去，而不是尾隨其後。他說：「我們要學外國，是要迎頭趕上去，不要向後跟著他。譬如科學，迎頭趕上去，便可以減少二百年的光陰。……現在我們知道了跟上世界的潮流，去學外國之所長，必可學得比外國還要好，所謂後來者居上。」（「民族主義」，第六講）

(4)在學習中創造，以求超越歐美，因爲歐美各國，並未盡善盡美，還有許多問題沒有一個根本上的解決。例如：「至於歐美的政治道理，至今還沒有想通，一切辦法在根本上還沒有解決，所以中國今日要實行民權，改革政治，便不能完全倣效歐美，便要重新想出一個方法。」（「民權主義」，第五講）

後記：本文爲拙編《孫中山選集》（一九八四年，帕米爾書店出版）之序文。

七、論五四運動和胡適思想

謝紹敏血書「還我青島」

一八九四年甲午戰爭之後，危機日甚，出現了列強對中國瓜分的形勢。一八九七年十一月一日，德國卽以有二名教士在山東鉅野爲土匪殺害爲由，逕行強佔膠州灣，並於次年三月六日，強迫清廷訂立不平等條約，要點如下：

（一）德國軍隊可在青島周圍一百里路以內自由行動；（二）割讓膠州灣兩岸聽德國自由建築堡塞，儲藏軍需，修造軍艦。關於路礦事宜，鐵路有二線：（一）起膠州經濰縣、青州、博山、淄川、鄒平，直穿濟南，可達魯省邊境；（二）由膠州向左經沂州府過萊蕪縣達濟南，凡兩路附近三十里內之礦山，如第一路線濰縣博山各處，第二路線膠州府萊蕪縣等處之礦山，悉聽德人自由開採。關於借款之優先權：凡在山東省內舉辦生利事業需借外債時，德人有投資之優先權。

一九一四年，第一次世界大戰爆發，八月二十三日，日本對德宣戰；九月二日，日軍逕行登陸山東龍口；十一月七日，青島德軍四千人投降，中國要求日本撤軍，而有二十一條之提出。幾經交涉，一九一五年五月七日，日方提出最後通牒，要求中國承認二十一條，其中關涉山東問題者甚多，茲略舉如下：

（一）中國承認日本同德國政府協定山東省一切權利利益讓與等項之處分；（二）中國政府須聲明山東省內沿海之土地島嶼不得自由借給他國或讓給他國；（三）歐戰終了後，膠州灣租借地完全聽日人處置，惟此條下並附四個條件：（甲）以膠州灣全部開放商港；（乙）在日本政府指定地方設立日本專管租界；（丙）如各國需要公共租界時，可另行設立；（丁）另外關於德人之房屋財產及其他條件手續各項當未實行交還之先，應由中日兩國共同商議辦理。或云袁世凱爲交換日本承認其卽將稱帝之野心，而接受日方條件，此卽所謂「五七國恥」，亦卽巴黎和會山東問題之由來。

參加巴黎和會之中國代表爲陸徵祥、顧維鈞、王正廷，而一九一九年三、四月間，上海報界獲王正廷巴黎來電云：

「吾輩提議於和會者，主張廢止二十一款及其他密約不遺餘力，推測日本之伎倆僅有二途：曰引誘，曰用武，然皆與正誼公道相違，必不出此。但吾國人中有因私利而讓步者，其事與商人違法貶賣者無異，此實賣國之徒也。所望全國輿論對於該賣國賊羣起而攻之，然後我輩在此乃能有討論取消該條件之餘地。」（楊亮功、蔡曉舟編《五四》，一九一九年九月初版，傳記文學社臺版，頁八，一九八二年）

此電文經報界披露後，卽羣情激忿，尤其山東同胞切膚之痛，奔走呼號最力。並於四月二十日舉行國民大會（羣眾大會），並致電和會代表云：

「青島及山東路礦，日人實無承繼之權，所有理由已有各界人民先後電達，無須轉述。現聞我國軍閥及一二三奸人陰謀賣國，示意退讓，東人聞之，異常憤激。本月二十日在省城開國民大會，集眾十餘萬，僉謂此說若行，是陷山東於沒世不復之慘。若輩包藏禍心，多方掣肘，喪心病狂，萬眾同仇。東人死喪無日，急何能擇，誓死力爭，義不反顧。公等受全國之委託，負人民之重望，務請俯准輿情，勿惑奸計，據理力爭，必達目的。恢復我國主權維持東亞和平，胥在此舉。東省人民，實深祝禱。山東國民請願大會張英麟等十萬三千七百人同叩。」（《五四》，頁一三）

自四月中旬後，京、滬、魯之間卽有人絡繹往來，相商對策，據說「其時北京之市民、政界、商人、學生以及少數軍人皆有種種秘密之結合以策進行，惟是人人心中之理想，皆在五月七日國恥紀念開一空前之國民大會以示威。」（《五四》，頁十四）

然風聲日緊，且日本機關報論調日益激昂，北京各校學生情不可遏，遂於五月三日（星期六）

下午一時發出通告，召集學生於晚間七時在法科大禮堂開會。開會內容有四項：㈠聯合各界共同力爭。㈡通電巴黎專使堅不簽字。㈢通電各省於五月七日國恥紀念舉行遊行示威。㈣定於次日（四）北京學界於天安門前示威。並有學生謝紹敏當場咬破中指，撕下衣襟血書「還我青島」，全場淒涼悲壯。

可以殺戮而不可以低頭

於是第二天，就爆發了震動中國近代史上的「五四運動」。五月四日當天，北京學生發出了一份由羅家倫起草的宣言如下：

「現在日本在國際和會，要求併吞青島，管理山東一切權利，就要成功了。他們的外交，大勝利了。我們的外交，大失敗了。山東大勢一去，就是破壞中國的領土。中國的領土破壞，中國就要亡了。所以我們學界，今天排隊到各公使館去，要求各國出來維持公理。務望全國農工商各界，一律起來，設法開國民大會，外爭主權，內除國賊。中國存亡，在此一舉。令與全國同胞立下兩個信條：

（一）中國的土地，可以征服，而不可以斷送。

（二）中國的人民，可以殺戮，而不可以低頭。

國亡了，同胞起來呀！」（羅家倫，《黑雲暴雨到明霞》，大西洋圖書公司臺版，頁一，一九七〇年）

除了宣言外，各校學生製作的標語旗子規格形式不一，大都爲表達各校學生對國家主權的保衞決心，和對強權國賊的憤慨，有畫青島之地圖者；有寫「取消二十一條」、「還我青島」、「誓死力爭」、「保我主權」、「勿作五分鐘愛國心」、「爭回青島方罷休」、「寧爲玉碎不爲瓦全」、「頭可斷青島不可失」、「中國宣告死刑了」、「賣國賊曹汝霖、章宗祥、陸宗輿」、「抵制日貨」、「中國是中國人的中國」、「民族自決」、「拒絕簽字巴黎和約」、「國際公理」、「反對強權政治」、「誓死不承認軍事協定」、「國民應當判決國賊的運命」種種字樣者。尤令人注意者爲一輓聯，其文云「賣國求榮，早知曹瞞遺種碑無字」、「傾心媚外，不期章惇餘孽死有頭」，其旁款爲「賣國賊曹汝霖、章宗祥遺臭千古，北京學界同輓」。

由於火燒趙家樓，毆打章宗祥，故有軍警逮捕示威學生，又引起營救被捕學生的運動，於是一波接一波，全國聲援浪潮洶湧，各地罷課、罷工、罷市。各名流及團體亦紛紛致電政府要求釋放被捕學生，例如唐紹儀、朱啟鈐、康有爲、梁啟超。其中以當年領導萬餘舉子「公車上書」和變法的康有爲最爲激烈，雖康有爲未參與「五四運動」，然其慨慷激昂仍不遜於當年。他說：

「夫以賣國之利，不可思議如此，賣國之後，無所懲艾如彼，故自清季以來，相艷相師，無憂無懼，黨徒日眾，賣國成風。則我五千年之中國，二千萬（二萬里）之土地，四萬萬神明之胄，日供其犬馬牛羊之束縛，出售以供（人）之屠宰，至亡國絕種而後已。至今乃討之，亦已晚矣，豈復有救哉。幸今學生發揚義憤，奉行天討，以正曹汝霖、章宗祥之罪。舉國逖聞，莫不歡呼快心，誠自宋大學生陳東、歐陽澈以來，希有之盛舉也。試問四萬萬人對於學生此舉，有不稱快者乎？假令其徒黨親戚有不快者，必無四百人以上。則學生此舉，眞可謂代表四萬萬之民意，代伸四萬萬之民權，以討國賊者。孟子所謂國人皆曰可殺者也。夫今之中華，號稱民國，以民爲主體，非如專制時以政府爲主體也。其法律生殺，以民意爲主，非如專制時之以政府爲主也。在今政府或上承從前專制之舊，或以學生擅毆大僚爲應有之罪，而忘今之爲民國政府，只有奉行民意而不得專擅也。自有民國，八年以來，未見眞民意、眞民權，有之自學生此舉始耳。」（《五四》，頁一二九——一三〇）

康有爲雖然是保皇黨的領袖，但五四之時的康有爲仍然不改「公車上書」時期的愛國激情，但康有爲這一歷史的記錄，幾乎被後代史家在論述五四運動史中一筆抹煞，這是十分不公平的。同樣的「康梁變法」的另一主角梁啟超，在巴黎和會時竟被中傷，但五四發生後，聞學生被捕，亦電政府云：

「汪、林總長代呈大總統鈞鑒：聞北京學界對和局表義憤，愛國熱誠，令策國者知我人心未死。報傳逮捕多人，想不確。爲禦侮拯難計，政府惟有與國民一致。務祈因勢利導，使民氣不衰，國或有瘳。啟超叩。九日。」

梁啟超還發表許多積極支持五四運動的文字。

另外，當時的輿論爲聲援學生，而紛紛討論五四運動的意義，如高一涵（涵廬）在《北京晨報》發表評論說：

「民衆運動本是根據自治自決的道理而來的，若抱定目的，把人侵占我們的政權拿回來，讓我們自己來做，這就叫做自治。若不准政府獨斷，要讓我們公衆裁奪，這就叫做自決。這回北京的市民運動，並不單是自治自決，義直可以說是自衛。譬如，我家僕人把我的財產偷送給強盜，我知道大禍將臨，就應該行使我的正當防衛權。行使正當防衛的時候，就（是）侵犯人家自由，毀壞人家物件，在法律上並不負賠償的責任。因爲急於自衛，就是不取合法的手續，也不能責備他。照這個原理推起來，警察廳拘留毆打賣國賊的市民，實在是不懂得自衛的道理了。」（《五四》，頁八六）

五四運動除了「外爭主權，內除國賊」外，高一涵提出了五四運動的自治、自決、自衛的意義，厥爲民主的內涵，而與康有爲的「自有民國，八年以來，未見眞民意，眞民權，有之自學生此舉始耳」，實爲一致。

又，署名爲「毅」者，在《每週評論》（一九一九年五月二十六日）發表「五四運動的精神」謂：

「第一、這次運動是學生犧牲的精神。一般青年學生奮空拳、揚白手，和黑暗勢力相鬪，……這樣的犧牲精神不磨滅，眞是再造中國的元素。

第二、是社會裁制的精神。……這次學生雖然沒有把他們（賣國賊）一個一個的打死，但是把他們在社會上的偶像打破了！以後的社會裁制更要多哩！

第三、是民族自決的精神。……這次學生不問政府，直接向公使團表示，是中國民族對外自決的第一聲。不求政府，直接懲辦賣國賊，這是對內自決的第一聲。」（《胡適選集》第四册，西南書局編，頁四九，一九八一年）

蔡曉舟在《五四》一書中的編序中亦云：「我北京學生，五四一役，涵有二義，一爲國家爭主權，一爲平民爭人格。前者所以使外人知吾民有血性，而殺其覬覦之心；後者所以使公僕知吾國有主人，而正其僭竊之罪。雖然是二義，不可以徒立也。非具犧牲萬有之精神，莫啟其端，非得前仆後繼之實力，莫刈厥果。」

再者，陸才甫在「學生無罪」（北京《國民公報》）一文中特別提到「青島爲孔聖發祥之地，當然不能禮讓於人。」（《五四》，頁一一八）

當時在南方以廣州爲根據地的革命領袖，孫中山對五四運動卽予深切的關注，適時他正在上海，在「復顏德基勛努力治川規模全國函」中，卽言「月來國民忧於外患之烈，羣起救國，民氣大張，是足證國民智識之進步，公理之終足以戰勝強權也。」

一九二〇年一月二十九日他又在「爲創設英文雜誌印刷機關致海外同志書」中云：

「自北京大學學生發生五四運動以來，一般愛國青年，無不以革新思想爲將來革新事業之預備；於是蓬蓬勃勃，發抒言論，國內各界輿論，一致同倡，各種新出版物，爲熱心青年所舉辦者，紛紛之僞政府，猶且不敢攖其鋒。此種新文化運動，在我國今日，誠思想界空前之大變動，推原其故，不過由於出版界之一二覺悟者，從事提倡，遂至輿論放大異彩，學潮瀰漫，全國人皆激發天良，誓死爲愛國之運動。倘能繼長增高，其將來收效之偉大且久遠者，可無疑也。吾黨欲收革命之成功，必有賴於思想之變化，兵法攻心，語曰革心，皆此之故；故此種新文化運動，實爲最有價值之事。」

「簡直是發了愛國癲」

長期以來一談到「五四運動」總是和胡適的名字緊緊的聯在一起，也似乎都認爲胡適是「五四運動」的思想導師似的。但是，經過深入研究，其中似乎有不少的「歷史誤會」。

五四運動起自巴黎和會的山東問題與二十一條。二十一條時，胡適尙在美國留學。在一九一四年八月十七日，他在日記中有以下之記述——

「昨記吾所料日人將以青島歸中國。今晨讀報，知日政府昨夜以『哀的米敦書』致德政府，要求二事，其第二事卽令德政府以膠州租借地全境交與日政府，以爲他日交還中國之計。吾所料中矣。但不知日政府之能踐言否，又不知其所欲交換之條件如何耳。

吾之爲『日本還我青島』之想也，初非無據而言。他日世界之競爭，當在黃白兩種。黃種今惟日本能自立耳。然日人孤立，安能持久？中國者，日之屛蔽也。藩籬之撤，日之所患，今日之政治家如大隈已有親華之趨向（參看大隈第三次東方平和論，見東方雜誌）。然日人侵略之野心，早爲世界所側視，中美之人尤疑之。日人果欲消除中國疑忌之心及世界嫉妬之心，決非空言所能爲力。何則？歷史之往事（如中日之役）早深入人心矣。青島之地，本非日有，日人得之，適足以招英人之忌。而又不甘以之讓英法。何則？英法之厚，日之薄也。若爲吾華取還青島，則有數利焉：（一）可以交驩中國；（二）可以自告於世界，示其無略地之野心；（三）可以釋英人之忌。吾所見如此，此吾政治上之樂觀也，吾何恤人之笑吾痴妄也？」（《胡適留學日記》，頁三四四，商務，一九五三年臺版）

後來事態的發展，正好與胡適對日本善意的樂觀相反，也是他自言的「痴妄」。一九一五年一月十八日，日方將二十一條面交袁世凱。二十四日，胡適看到《紐約時報》一篇日人的文章《在世界大戰中的日本地位》（Japan's Position in the World War）有所憬悟而言：「其論中國中立問題尤明目張膽，肆無忌憚。其言雖狂妄，然皆屬實情。在今日強權世界，此等妄言，都成確論，世衰之爲日久矣。」（《日記》，頁五二四）並且，在日記中寫下他的感想云：

「中國之大患在於日本。

日本數勝而驕，又貪中國之土地利權。

日本知我內情最熟，知我無力與抗。

日本欲乘此歐洲大戰之時收漁人之利。

日本欲行門羅主義於亞東。

總之，日本志在中國，中國存亡係於其手。日本者，完全歐化之國也，其信強權主義甚篤。何則？日本以強權建國，又以強權霸者也。

吾之所謂人道主義之說，進行之次宜以日本爲起點，所謂擒賊先擒王者也。」（《日記》，頁五三二）

二十一條提出後，留美中國學生界甚爲激動，而有反對二十一條之風潮，在三月一日的日記中，胡適有以下之記述：

「自中日最近交涉之起，吾國學子紛紛建議，余無能逐諸少年之後，作駭人之壯語，但能斥駁一二不堪入耳之輿論，爲『執筆報國』之計，如斯而已矣。

此間學子開特別會，議進行方法，余以事不能莅會，乃留一柬云：

吾輩遠去祖國，愛莫能助，紛擾無益於實際，徒亂求學之心。電函交馳，何裨國難？不如以鎮靜處之。

交會長讀之。讀時，會中人皆爭嗤之以鼻。即明達如叔永，亦私語云：『胡適之的不爭主義又來了！』及選舉幹事，秉農山起言：『今日須選舉實行家，不可舉哲學家。』蓋爲我而發也。司徒堯君告我如此。」

（《日記》，頁五六九——五七〇）

從其日記中來理解胡適當時對二十一條的態度，也不應該忽視當時他給 The New Republic 和 The Outlook 的二封投書（《日記》，頁五七〇——五七五），並且，他還記述了他投書的作用說：「吾所投 The New Republic 之書，乃爲 Syracuse Post-Standard 引作社論，則吾書

未嘗無影響也。」（《日記》，頁五七七）

但是，在三月三日，他在「致張亦農書」卻說：「足下以無用責政府，不知若令足下作外交長官又何以處之？戰耶？國家之事，病根深矣，非一朝一夕之故，亦非一言兩語所能盡。今日大患，在於學子不肯深思遠慮，平日一無所預備。及外患之來，始驚擾無措，或發急電，或作長函，或痛哭而陳詞，或慷慨而自殺，徒亂心緒，何補實際？至於責人無已，尤非忠恕之道。吾輩遠去祖國，愛莫能助，當以鎮靜處之，庶不失大國國民風度耳。」（《日記》，頁五七七）

三月號的《中國留美學生月刊》（The Chinese Students Monthly）幾爲二十一條討論之專號，羣情激憤慷慨激昂，胡適相對這些同學愛國情緒的激動，也有其「不爭主義」的激動，而致函《中國留美學生月刊》謂：

「這些在我看來簡直是不折不扣的瘋癲。我們都情感衝動，神經緊張——不是的，簡直是發了『愛國癲』！弟兄們，在這種緊要的關頭，衝動是毫無用處的。情感衝動，慷慨激昂的愛國呼號，和充滿情緒的建議條陳，未嘗有助於任何國家〔的危難〕。談兵『紙上』對我輩自稱爲『〔留〕學生』和『幹材』的人們來說，實在是膚淺之極。

在我個人看來，我輩留學生如今與祖國遠隔重洋；值此時機，我們的當務之急，實在應該是保持冷靜。讓我們各就本份，盡我們自己的責任；我們的責任便是讀書學習。我們不要讓報章上所傳的糾紛，耽誤了我們神聖的任務。我們要嚴肅、冷靜、不驚、不慌的繼續我們的學業。充實自己，爲祖國力爭上游，如祖國能渡此大難的話——這點我想是絕無問題的；或者去爲祖國起死回生，如果祖國眞有此需要的話！

弟兄們，這才是我們的當務之急！

我敢說，在目前的條件下，對日作戰，簡直是發瘋。我們拿什麼去作戰呢？我們的總編輯說，我們有百萬雄師。讓我們正視現實：我們至多只有十二萬部隊可以稱爲『訓練有素』，但是裝備則甚爲窳劣。我們壓根兒沒有海軍。我們最大的兵船只是一艘排水量不過四千三百噸的第三級的巡洋艦。再看我們有多少軍火罷?!我們拿什麼來作戰呢？

所以出諸至誠和報國之心我要說對日用兵論是胡說和愚昧。我們在戰爭中將毫無所獲，剩下的只是一連串的毀滅、毀滅和再毀滅。

再說比利時罷。那個英勇的比利時！親愛的弟兄們，我願披肝瀝膽的向諸位陳述：用隻手來推挽大海的狂瀾，算不得勇敢；以卵擊石，更不算英雄。再者，比利時原亦無心自招覆滅。吾人試讀比國作家查理・沙羅利（Charles Sarolea）博士所著的《比利時如何拯救歐洲》一書，便見分曉。蓋比利時深知〔一旦戰爭爆發〕英法兩國必然赴援。加以該國對其號稱世界最堅固的堡壘的李格（Liege）和安特渥堡（Antwerp）兩地堅固防線也深具信心，而自覺有恃無恐，所以比利時才爲國家的榮譽而孤注一擲。這是眞正的勇敢和英雄氣慨嗎？弟兄們，請爲比利時著想；且看今日比國，爲這一英雄光彩所作的犧牲，眞正值得嗎？

我並無意非難比國人民；我只是覺得比利時不值得我們仿效而已。若有人硬要中國去蹈比利時的覆轍，則此人必然是中華民族的罪人。

總而言之，讓我重述前言，請大家不要衝動；讓我們各盡我們應有的責任；我們的責任便是讀書求學！

遠東問題最後解決的癥結所在，不繫於今日的對日作戰；也不繫於一強或列強的外在干涉；也不繫於任何治標的辦法如勢力平衡或門戶開放；更不繫於任何像日本門羅主義一類的策劃。最後的眞正解決之道應另有法門——它較吾人今日所想像者當更爲深奧。但其解決之道究在何處，我個人亦無從探索；我只是知道其不在何處罷了。讓我們再爲它深思熟慮，從長計議罷！深盼大家在詛咒我之前，細讀拙文，「實不勝企禱之至！」」（唐德剛，《胡適口述自傳》，頁六〇—六一，傳記文學出版社，一九八一年）

疾首痛心憤慚交集

接到胡適的來信，《中國留美學生月刊》總編輯鄺煦堃也作了一封答辯的信說：

「在胡適思想某些晦暗的角落裏，他似乎同意我們，認爲他自己說的不抵抗主義在某些情形下並不適當，而必須被放棄。他在公開信裏說：『如果有必要的話，去使她（中國）從死亡裏復活過來。』但是用什麼方法去使中國從死裏復活過來呢？難道靠一手挾著《聖經》，另一手挾著一本同樣有用的書，像是白朗寧（Browning）詩集（因爲胡適對它比任何其他書本都要熟悉），便辦得到了嗎？他必得承認，一旦日本佔據了中國，要驅除他們就必須使用武力。把中國從死裏活過來，比在日本未侵入以前就抵抗要難多了。」（周策縱，《五四運動史》，頁三三一，龍田出版社，一九八一年）

在接受日方最後通牒後，袁世凱曾於五月八日召集會議曰：「爲權衡利害，而至不得已接受日本通牒之要求，是何等痛心！何等恥辱！語云：無敵國外患者國恒亡。經此大難以後，大家務必認此次日本要求爲奇恥大辱，本臥薪嘗膽之精神，做奮發有爲之事業。」（白蕉，《袁世凱與中華民國》，頁一四〇，文星，一九六二年臺版）

五月十日，袁世凱在接受二十一條之後，自知簽訂賣國的二十一條難免爲國人和歷史所唾棄，而又密函百僚自辯云：原有條款㈠切實保全中國領土，㈡各項要政聘用日人爲有力顧問，㈢必要各地合辦警察，㈣軍械定數向日本採買，並合辦械廠，用其工料。爲「此四者直以亡韓視我」，果然如此，「予但有一槍一彈，亦斷無聽從之理」，不過，後來日方「卒將最烈四端或全行消滅，或脫離此案，其他較重之損失，亦因再三討論，得以減免，而統計已損失權利頗多！疾首痛心，憤慚交集。往者已矣，來日方長」，至於日本的對華侵略，則是「既有極大政略，謀定已久，此後但有進行，斷無中止」。（白蕉，頁一四二—一四三）

這些誠然是袁世凱賣國的飾詞，但至少他還不得不說「疾首痛心，憤慚交集」。然在袁世凱發出自辯密令的同時，地球另一端的胡適在五月十日的日記中記着：

「此次交涉，余未嘗不痛心切齒，然余之樂觀主義終未盡銷，蓋有二故焉：

(一)吾國此次對日交涉，可謂知己知彼，既知持重，又能有所不撓，能柔亦能剛，此則歷來外交史所未見。吾國外交，其將有開明之望乎？

(二)此次日人以青島歸我，又收回第五項之要求，吾雖不力其驟變初心之原因果何在，然日人果欲以兵力得志於中國，中國今日必不能抵抗。日之不出於此也，豈亦有所悔悟乎？吾則以為此日人稍悟日暮途遠倒行逆施之非遠謀之徵也。」（《日記》，頁六三六）

如果沒有誤解的話，原來胡適是袁世凱簽訂二十一條的同志，不同的是，袁世凱猶言「疾首痛心，憤慚交集」，而胡適卻認為簽訂二十一條是「既知持重，又能有所不撓，能柔亦能剛」。還有不同的是，袁認定日本侵華是「此後但有進行，斷無中止」，胡則將日方的稍微讓步當成「有所悔悟」。不過後來的事實卻打破了胡適這項「歷史的判斷」和他的樂觀。

「學生干政每易走入歧途」

研究這一段歷史的學者，至少應當有一個問題要問，同情袁世凱簽訂二十一條的胡適會支持「取消二十一條」的五四運動嗎？抱持「不爭主義」哲學的胡適會支持「外爭主權，內除國賊」的五四運動嗎？但是，這個問題卻一向為臺灣學界所忽視或廻避。

一九一九年五四運動爆發當時，新文化運動領導人北大文科學長陳獨秀曾於六月十一日在街頭散發「北京市民宣言」，而被捕八十多天。斯時，胡適則正在上海歡迎他的老師杜威先生，並未參予北京的學生運動。胡適究竟對五四運動持何種態度，我們還是讓胡適自己說話罷。

一九二〇年，五四運動發生一年之後，胡適執筆而與蔣夢麟聯合發表了「我們對學生運動的希望」(《新教育》二卷五期，一九二〇年九月五日，見《胡適選集》第三册，頁一一〇)。

在這篇文章中，他們雖然沒有全盤否定五四學生愛國運動的意義，但卻認爲那意義基本上是消極的。他們說：「但是我們不要忘記：這種運動是非常的事，是變態的社會裏不得已的事，但是他又是很不經濟的不幸事。因爲是不得已，故他的發生是可以原諒的。因爲是很不經濟的不幸事，故這種運動是暫時不得已的救急的辦法，卻不可長期存在的。」

並且，他們指責學生愛國運動說：

(1)「養成依賴羣眾的惡心理」、「養成逃學的惡習慣」、「養成無意識的行爲的惡習慣」。

(2)「現在的學生天天談『二十一條』，究竟二十一條是什麼東西，有幾個人說得出嗎？天天談『高徐濟順』，究竟有幾個人指得出這條路在什麼地方嗎？這種不注重事實的習慣，是不可不打破的。」

(3)「現在那些『同胞快醒，國要亡了』，『殺賣國賊』，『愛國是人生的義務』等等空話的講演，是不能持久的，說了兩三遍就沒有了。」

最後，他們在文章中說：

「學生運動現在四面都受攻擊，五四的後援也沒有了，六三的後援也沒有了。我們對於學生的忠告是：『單靠用罷課作武器是下下策，可一而再再而三的麼？學生運動如果要想保存五四和六三的榮譽，只有一個法子，就是改變活動的方向，把五四和六三的精神用到學校內外有益有用的學生活動上去。』

我們講的話，是很直率，但這都是我們的老實話。」

一九二五年，胡適發表「愛國運動與求學」，雖然說「我們觀察這七年來的『學潮』，不能不算民國八年的五四事件與今年的五卅事件爲最有價值」，但他還是指出：

「但羣衆的運動總是不能持久的。這並非中國人的『虎頭蛇尾』，『五分鐘的熱度』。這是世界人類的通病。所謂『民氣』，所謂『羣衆運動』，都只是一時的大問題刺激起來的一種感情上的反應。感情的衝動是沒有持久性的；無組織又無領袖的羣衆行動是最容易鬆散的。我們不看見北京大街的牆上大書著『打倒英、日』『不要五分鐘的熱度』嗎？其實寫那些大字的人，寫成之後自已看著很滿意，他的『熱度』早已消除大半了；他回到家裏坐也坐得下了睡也得睡得著了。所謂『民氣』，無論在中國在歐美都是這樣：突然而來，悠然而去。幾天一次的公民大會，幾天一次的示威遊行，雖然可以勉強多維持一會兒，然而那回天安門打架之後，國民大會也就不容易召集了。」（《胡適文存》第三集，頁七二〇—七二一，遠東圖書公司，一九七一年出版）

一九二八年，胡適在上海光華大學演講「五四運動紀念」（《民國日報》覺悟，一九二八年五月，見《胡適選集》第一册，頁五五—六五），雖然他對五四運動有了較多的肯定，除了直接影響外，還提出了六點「間接的影響」，並且，引述孫中山對五四運動的評價。但他畢竟認爲學生干預政治，不是一種清明政治的常態，並舉英美爲例言：「英美二國的青年，他們所以發生與趣，只是足球、籃球、棍球等等，比賽時候，各人興高采烈，狂呼歌曲；再不然，他們就去尋找幾個女朋友，往外面去跳舞，去看戲，享盡少年幸福。若有人和他們談起政治問題，他們必定不生興趣，他們所作的，只是少年人的事。」並且，他演講的最後一段說到——

「自從五四進動以來，中國的青年，對於社會和政治，總算不曾放棄責任，總是熱熱烈烈的與惡化的掙扎；直到近來，因爲有些地方，過分一點，當局認爲不滿，因而喪掉生命的，屢覯不鮮。青年人的犧牲，實在太大了！他們非獨犧牲學業，犧牲精神，犧牲少年的幸福，連到他們自己的生命，一併犧牲在內了；而尤以二十五歲以下的青年學生，犧牲最大。例如前幾天報上揭載武漢地方，有二百餘共產黨員，同時受戮，查其年齡，幾皆在二十五歲以下，且大多數爲青年女子。照人道講來，他們應該處處受社會的保障，他們的意志，尚未成熟，他們的行動，自己不負責任，故在外國，偶遇少年犯罪，法官另外優待，減刑一等，以示寬惠。中國的青年，如此犧牲，實在犧牲太大了！爲此之故，所以中國國民黨在第四次全體會議中所議決的中央宣傳部宣傳大綱內有一段，卽有禁止青年學生干預政治的表示。意謂年輕學生，身體尚未發育完全，學問尚無根底，意志尚未成熟，干預政治，每易走入歧途，故以脫離政治運動爲妙。」

可見「清黨」以後，胡適對犧牲的學生雖有人道的同情，但其對學生運動的看法和國民黨是一致的。

五四的靈魂不見了

一九三五年，胡適發表「紀念『五四』」一文（「獨立評論」一四九號，一九三五年五月三日，見《胡適選集》第四册，頁四五—五六），引述了羅家倫起草的五四宣言，「毅」的「五四運動的精神」，並再次引述孫中山之言。值得注意的是，在該文中，胡適開始「追敍這個運動的起源」，而將之導向「新文化運動」的歷史解釋，並且將孫中山的「吾黨欲收革命之成功，必有賴於思想之變化」，引申爲五四運動乃「新文化運動」引起「思想之變化」的結果，故言「當年若沒有思想的變化，決不會有『五四運動』」。

但是，孫中山的「此種新文化運動實爲最有價值之事」，明白的是指「自北京大學學生發生五四運動以來」的「誓死爲愛國之運動」的「新文化運動」。

再說，胡適以蔡元培就任北大校長之時（一九一七年一月四日）爲新文化運動之始，但是，在這之前，就有留學生的反二十一條運動，再前還有康有爲的「公車上書」的學生愛國運動，並未蒙胡適所言新文化運動的影響。又以胡適對二十一條的「不爭主義」，及其對學生愛國運動所持之立場，如果這些都是新文化運動的內涵的話，「外爭主權，內除國賊」的五四運動可能發生嗎？可見，五四運動時的學生卽使接受了一定的新文化運動的影響，也必須再包括一些其他更重要的因素才能揚棄「不爭主義」去「外爭主權，內除國賊」。這些因素其實就是列強壓迫下，激起的青年愛國意識，及戰時威爾遜所提倡的「民族自決」。但這些因素卻不在胡適「追敍這個運動的起源」之列。所以，五四運動的起源問題，「當年若沒有思想的變化，決不會有『五四運動』」，恐怕不會比「當年若沒有愛國意識的高漲，決不會有『五四運動』」，來得更具有說服力和合理罷。

不知是否針對胡適之言，楊亮功在一九八二年重刊《五四》一書的序文中卽言：「讀者可以從這一本書，認淸五四的眞面目，體會五四的眞意義。亦可以瞭解到此一運動，與所謂新文化運動，或任何外在因素，完全無關。」

一九四七年，胡適發表「『五四』的第二十八週年」，（《大公報》星期論文，一九四七年五月四日，見《胡適選集》第四册，頁一二三－一二七）內容與三五年《紀念「五四」》一文相同，除再度引述孫中山那段話外，又有進一步，不但「追敍這個運動的起源」，並且，也追敍了這個運動的以後。他說：

> 「五四不是一件孤立的事。五四之前，有蔡元培校長領導之下的北京大學教授與學生出版的『新青年』『新潮』『每週評論』所提倡的文學革命，思想自由，政治民主的運動。五四之後，有全國智識青年熱烈參預的新文藝運動，和各種新的政治活動。」

胡適說得不錯，「五四不是一件孤立的事」，而是中國近代史上民族自救運動的一個重要環節，是不能孤立於近代帝國主義的侵華史，和中國人民反侵略的鬪爭史的。但是，照胡適的說法，被孤立的卻是「五四運動」，因為在胡適「不是孤立」的「五四」中，我們只看到文學革命、思想自由、政治民主、新文藝運動……，但是五四運動眞正的靈魂——「人皆激發天良，誓死為愛國之運動」，卻被孤立而不見了。並且「五四運動」之後，雖有國共分立，但我們看到的是一波又一波的青年反帝愛國運動，而不是胡適的「不爭主義」。然而在胡適的「歷史解釋」下，一個中國現代史上青年的愛國運動紀念日，也從青年節變成了文藝節。

「中民族主義之毒之愚人也」

從此胡適有倡導之力的新文化運動被打扮成了五四運動新的主人，而一九一九年五月四日的學生愛國運動竟成了《五四運動史》著者周策縱筆下的「五四事件」，於是乎胡適就由新文化運動的倡導人之一，而登上了「五四運動思想導師」的寶座。

不論「五四運動」也好，「五四事件」也罷，任何一個研究這段歷史的人都不能否認，一九一九年五月四日發生於北京天安門前的學生運動與二十一條、民族主義（或愛國主義）、反帝國主義（反日）有密切的關係。周策縱就說：「雖然（五四的）民族主義和反軍閥的情緒都是直接或間接地受二十一條激發出來的，反軍閥的情緒卻一直到好幾年後才變得較明顯。在當時，民族

主義的熱情是羣眾反日運動最主要的動力。」（《五四運動史》，頁二七）

張玉法在「民初政局與五四」一文中亦言：「從反軍閥和反帝國主義的觀點來看五四時期，這個時期應始於民國四年，止於民國十二年。始於民國四年的原因是民國四年日本向中國提出二十一條，引起國人普遍的反日情緒，此種情緒，到民國八年巴黎和會，中國不能從日本手中收回山東利權，乃爆發出來，釀成反帝國主義運動。」（《五四研究論文集》，頁三－四，聯經，一九七九年）

胡適對於二十一條的態度，已如前述。至於民族主義的問題，在美國留學時期的胡適，就曾對威爾遜的民族自決提出質疑，在他的日記中就有以下之論證：

> 「若一民族之自治終可勝於他民族之治之」一前提不能成立，則民族主義國家主義亦不能成立。然此前提究可成立乎？
>
> 此問題未可一概而論也。此前提之要點在一「終」字。終也者，今雖未必然，終久必然也。如此立論，駁無可駁，此無窮之遁辭也。
>
> 此言「政府之權力生於被治者之承認」。此共和政治之說也，而亦可為民族主義之前提。如英國之在印度，若印度人不承認之，則革命也可。又如美國多歐人入籍者，今以二百萬之德國人處於美國政府之下，若此二百萬德人承認美國政府，則不革命也。
>
> 然被治者將何所據而「承認」與「不承認」乎？若云異族則不認之，同族則認之，是以民族主義為前

提，而又以其斷辭爲民族主義之前提也。此「環中」之邏輯也。若云當視政治之良否，則仍回至上文之前提，而終不能決耳。

今之挾狹義的國家主義者，往往高談愛國，而不知國之何以當愛；高談民族主義，而不知民族主義究作何解。（甚至有以仇視日本之故而遂愛袁世凱且贊成其帝政運動者）。故記吾所見於此，欲人知民族主義不能單獨成立。若非種皆必當鋤去，則中國今日當爲滿族立國，又當爲蒙藏立國矣。

若以袁世凱與威爾遜令人擇之，則人必擇威爾遜，其以威爾遜爲異族而擇袁世凱者，必中民族主義之毒之愚人也。」（《日記》，頁一一〇三—一一〇五）

「民族自決」也就是「民族解放」或「民族自由」，法國存在主義哲學家沙特曾言：「自由就是責任。」譬諸個人，自由的個人必須爲自己負起一切責任，不論是好是歹，解放後的黑奴的個別生活，並不見得一定「勝於」有奴隸主的生活。因此，人有一面是「逃避自由」的。

老實說，「民族自決」之根據並不在於「一民族之自治終可勝於他民族之治之」，也誠如胡適之言，「終」乃「遁辭」。其實「民族自決」之根據乃在於「民族解放」或「民族自由」。

事實上，任何一被殖民的落後民族之「自治」是難以馬上「勝於」先進的帝國主義民族之「治之」的。正因落後民族一時之落後，才至於淪爲帝國主義民族的殖民地，失去政治獨立。然落後民族不必然會永遠落後的，或有與先進國平等之一日，甚至超過，原來落後於東方的西方在近代崛起就是證明。再者，帝國主義者統治殖民地，「將欲取之，必先與之」，當然要做一些在物質上有利於殖民地人民之事，如醫院、學校之類。但其目的其實還是爲了要在殖民地上取得更大的經濟物質的利益，並且這後遺症是造成殖民地人民與菁英份子之人格殖民地化，即精神之扭曲，這是貽害深遠的，此乃殖民主義不可不反對的理由。

以西方強權的價値觀點視之，第二次世界大戰之後，紛紛獨立的殖民地國家，至今還未看到有多少國家的「自治」能「勝於」帝國主義的「治之」（其中當然包括帝國主義的干擾）。以臺灣而論，當年辜顯榮就曾言，臺灣的「治之」就比當時大陸的「自治」強多了。（《臺灣民報》第五號，一九二三年八月一日）光復後，臺灣「自治」之經濟科技成長，也比不上今天的日本啊！

以此而論，豈不任何殖民地都不能也不應獨立了嗎？

所以，胡適對威爾遜的質疑之說，不但是「逃避自由」，並且也難免有贊成帝國主義的邏輯之嫌。

五四乃「歷史性的政治干擾」

一九二七年十月，胡適發表「慈幼的問題」一文，就曾明白的說：

「我們深深感謝帝國主義者，把我們從這種黑暗的迷夢裏驚醒起來。我們焚香頂禮感謝基督教的傳教士帶來了一點點西方新文明和新人道主義，叫我們知道我們這樣待小孩子是殘忍的、慘酷的、不人道的、野蠻的。我們十分感謝這班所謂『文化侵略者』提倡『天足會』『不纏足會』，開設新學堂、開設醫院、開設婦嬰醫院。

我們用現在的眼光來看他們的工作，他們的學堂不算好學堂，他們的醫院也不算好醫院。但是他們是中國新教育的先鋒，他們是中國『慈幼運動』的開拓者，他們當年的缺陷，是我們應該原諒寬恕的。」（《胡適文存》第三集，頁七四一）

也許這是胡適的反諷之言，但是，以名滿天下一言九鼎的胡適而言，至少這是不嚴肅的失言罷。再者，中國人連慈幼的觀念都沒有，而必須要感謝帝國主義的「西方新文明和新人道主義」嗎？胡適總不該不知道孟子有云：「老吾老以及人之老，幼吾幼以及人之幼」罷。

一九三〇年七月二十九日，胡適在覆梁漱溟先生的信中，亦論及帝國主義問題，他說：

「革命論的文字，也曾看過不少，但終覺其太缺乏歷史事實的根據。先生所說，『這本是今日三尺童子皆能說的濫調，誠亦未必悉中情理』，我的意思正是如此。如說，『貧窮則直接由於帝國主義的經濟侵略』，則難道八十年前的中國果眞不貧窮嗎？如說『擾亂則間接由於帝國主義之操縱軍閥』，試問張獻忠、洪秀全又是受了何國的操縱？今日馮、閻之戰又是受了何國的操縱？

這都是歷史事實的問題，稍一翻看歷史，當知此種三尺童子皆能說的濫調大抵不中情理。鴉片固是從外國進來，然吸鴉片者究竟是什麼人？何以世界的有長進民族都不蒙此害，而此害獨鍾於我神州民族？而今日滿田滿地的罌粟，難道都是外國的帝國主義者強迫我們種下的嗎？

帝國主義者三叩日本之關門，而日本在六十年之中便一躍而為世界三大強國之一。何以我堂堂神州民族便一叩不振如此？此中『癥結』究竟在什麼地方？豈是把全副責任都推在洋鬼子身上便可了事？

先生要我作歷史考證，這話非一封短信所能陳述，但我的論點其實只是稍稍研究歷史事實的一種結論。

我的主張只是責己而不責人，要自覺的改革而不要盲目的革命。在革命的狀態之下，什麼救濟和改革都談不到，只有跟著三尺童子高喊濫調而已。」（《胡適書簡》，頁一八六—一八七，時代文化出版社，一九六二年）

胡適給梁漱溟的信總不該是反諷之言罷。中國貧弱而遭帝國主義侵略，但胡適忽略了，由於帝國主義的侵略，卻使得貧弱的中國「雪上加霜」啊！再者，以責備吸毒而不責備販毒，這似乎與真正的西方人道主義也不合，果真如此，只要求大家不吸毒即可，又何必成立國際緝毒的刑警組織。且僅以日本為例，就能抹煞得了帝國主義在全球犯下的罪惡嗎？無論如何，胡適思想是與五四運動的反帝國主義不合。

抗戰前夕，全國反帝國的浪潮高潮，遠超過當年的反二十一條，在胡適看來也許又是「愛國癲」罷。並且，他當時也確實是附合汪精衛等的「低調俱樂部」而反對抗戰的。不過，「七七事變」後，他最後並沒有追隨汪精衛，卻參加了抗戰行列，關於他這一項轉變，也許可以在他一九三八年四月二十七日從美國致友人書中來發現一些線索。他說「我本是世界主義者，從不是一個民族主義者」，但由於日本的大舉全面侵略，才「經驗了一種心理上思想上的變化」，因爲，如果國亡了，「我們卽使有自己的地位，至多不過受人憐憫的人，決不能擡頭見世人，開口說響話」。（原件現藏北大圖書館，轉引自《胡適思想批判》第三輯，頁二八，三聯書店，一九五五年）

胡適這一轉變當是正確的，而其所述亦有一定的道理，因爲亡國之民是「不能擡頭見世人，開口說響話」的，但是，「從不是一個民族主義者」的胡適會是「民族主義的熱情是羣眾反日運動最主要的動力」的五四運動的思想導師和熱誠的支持者嗎？

一九四九年大陸赤化後，胡適赴美，在他旅美期間，接受了哥倫比亞大學的口述歷史訪談，才終於有了眞正的答案，他說：「從我們所說的『中國文藝復興』這個文化運動的觀點來看，那項由北京學生所發動而爲全國人民一致支持的，在一九一九年所發生的『五四運動』，實是這整個文化運動中的，一項歷史性的政治干擾。它把一個文化運動轉變成一個政治運動。」（《口述自傳》，頁一八九）胡適終於承認了愛國的「五四運動」和他心目中的「新文化運動」，不但不合，並且是一項「政治干擾」。

自傳的譯述者唐德剛亦在附註中說明：「筆者在五十年代便和適之先生直言無隱的討論過。我反對胡先生把『五四運動』當成『新文化運動』的『政治干擾』這一看法。」（頁二〇三）唐德剛之言則是對胡適思想中的「不爭主義」、「世界主義」和反帝愛國主義相矛盾的本質缺乏理解之故。

把「五四運動」看成「一項歷史性的政治干擾」的胡適，爲什麼自一九三五年以「新文化運動」解釋五四運動之後，而予以大力肯定之呢？並且，到臺灣來了之後，更是不斷接受世人對他「五四思想導師」的膜拜呢？這恐怕將是「胡（適）學」研究必須面對的題目罷。

後記：本文乃根據五月五日在臺大哲學會之演講內容加以整理而成。

一九八七年五月八日於新店

原載《中華雜誌》一九八七年六月

八、論馮友蘭學術思想的轉變

在「四人幫」垮臺之後，《多倫多環球郵報》報導了大陸哲學家馮友蘭再遭批鬭的消息，而引起自由世界，尤其是哲學界的關注，據報導中說：

「馮友蘭在今（一九七七）年五月，曾寫了一篇文章批評激進的左派。然而，中共當局因爲他在這篇文章中，沒有對自己參與左派的事批判透徹，而仍然攻擊馮友蘭。」

按查在一九七七年八月份出版的《歷史研究》第四期，就有一篇署名王永江和陳啟偉合寫的「評梁效某顧問」的文章，雖在文章中未曾指名，但所指的「某顧問」卽馮友蘭。指出馮友蘭在五月間寫了一篇「在工作中學習，在工作中批判」的文章，說「因爲四人幫都是打著紅旗，自命爲理論權威」，「當時有些問題自己搞不清楚，只好人云亦云」。馮友蘭如此委曲求全的自辱，但代表中共新當權派的王、陳二人卻說：「君不見，梁效的這位臭名遠揚的顧問不是又殺上來了嗎？」

「梁效」是中共「批孔批林」時由江青所掌握的清華和北大兩校大批判組的代號，是當時中共言論發號施令的中樞，後來中共自稱當時的各報言論是「小報抄大報，大報抄梁效」。「梁效」之成立就是爲了「批孔批林」，而後演變成什麼「儒法鬪爭」。馮友蘭之所以被聘爲顧問就是因爲他累積了五十年以上對中國哲學史研究的知識。「四人幫」便利用馮友蘭的中國哲學史知識以「批孔」。

馮友蘭是研究中國哲學史的，並且積五十年以上之研究經驗的，當然對孔子思想有所論述。雖然馮友蘭以垂暮之年爲「梁效」作「批孔」之顧問，但檢視他五十多年來的中國哲學史研究，對孔子思想之論述，並不是從來就「批孔」的，甚至於曾經是孔子思想的熱衷的擁護者。由尊孔而「批孔」，他的轉變是經過一波三折的。七二年王浩到大陸訪問曾是他老師的馮友蘭時，也提起過馮友蘭思想之轉變的問題。當時馮友蘭的答覆是：

去日南邊望北雲，歸時東國拜西鄰。
若驚道術多遷變，請向興亡事裏尋。

「道術」當指馮友蘭對中國哲學史的研究，「興亡事」當指政治上的變化。我們不知道馮友蘭是否有意借此道出中共統治下的學術不獨立，研究不自由的眞相。

任何一個學者當知道，學術研究是對眞理和事實負責的。一個學者前後研究的所得，是可以改變的，梁任公有言「不憚以今日之我與昨日之我挑戰」，並且，在知識的累積過程中，後者必爲前者之補充與修正。不僅學者的個人如此，整個人類知識發展的歷史，也莫不如此，以至有文明之進步。但一個學者意見之改變，必是對眞理和事實有更深一層的認識，或更多一些的發現，而和所謂「興亡事」並無關係。以對「天」的研究而言，戰國時代的荀子早就說過：「天行有常，不爲堯存，不爲桀亡」（《荀子．天論》），「堯存」「桀亡」就是「興亡事」。這難道馮友蘭會不知道嗎？而「道術多遷變」要「請向興亡事裏尋」，也正是馮友蘭夫子自道的揭穿大陸無學術獨立，無研究自由的事實罷。並且也提供了我們對馮友蘭思想轉變的一個研究的線索。

從「興亡事裏尋」馮友蘭對孔子論述的轉變，大致可以分成三個階段，卽大陸淪陷前是爲一個階段；大陸淪陷後至「文革」而「批孔」是爲一個階段，這個階段中，雖有提出和放棄「抽象繼承法」之不同，但基本上還是肯定孔子的，只是在解釋孔子思想時，附會了一些馬列教條而已；第三個階段，卽「批孔批林」之後，他不但全面否定孔子思想，並且，歪曲孔子思想，以達成對孔子思想「鬪垮鬪臭」之目的，而事後又說這只是「人云亦云」。

馮友蘭思想之轉變，固然是有其怯弱，投機之因素，但相對而言，不能不說是共黨對學術思想的高壓政策之結果。而各次的轉變，說穿了亦只是馮友蘭對共黨高壓政策的委屈求全而已。對如此委屈求全，只求苟全性命的八十二歲的老人，共黨新當權派也不放過，亦可見其政權本質之殘暴。

一、由「人生哲學」到「貞元六書」

馮友蘭最爲人所稱述的著作厥爲一九三一年出版之《中國哲學史》（下册爲一九三四年出版），此書後有波德（Derk Bodde）教授之英譯，事隔將近半世紀之久，至今仍不失爲最完善的中國哲學史著作之一。

雖然，馮友蘭是以《中國哲學史》之作而成名的，但他對中國哲學之著述卻不是以此書開始的。而是在此之前，他就開始了中國哲學之研究與著述的。一九二六年，他在所出版《人生哲學》一書的自序中稱：

「民國十年，我在哥倫比亞大學哲學系『系會』中，宣讀一篇論文，題爲『中國爲何無科學——對於中國哲學之歷史及其結果之一解釋』，此文於次年——一九二二年——四月登入國際倫理學雜誌（The International Journal of Ethics）二十二卷三號。以後我又從同一觀點觀察西洋哲學，亦頗有所發現，遂用英文寫成《人生理想之比較研究》——一名《天人損益論》——一書。此書於民國十二年夏作成；當時師友頗主張在紐約印行，適我返國倉卒，未及與出版家接洽妥協，遂以中止。此書後於民國十三年冬由商務印書館出版，於十四年春再版。」

而《人生哲學》一書的第一章至十一章，卽《人生理想之比較研究》的中文本，另加「一個新人生論」作爲十二、十三兩章。

這一文一書，雖討論的對象不同，但據馮友蘭說是「同一觀點」，這「同一觀點」據上引自序中說是「根本意思亦有更趨向於新實在論之傾向」。而馮友蘭對人生觀之見解，進一步稱是「依所謂中道諸哲學之觀點，旁採實用主義及新實在論之見解，雜以己意，揉爲一篇，卽以之爲吾人所認爲較對之人生論焉」。他之所以採取實用主義及新實在論之理由乃是：

「人之所以不願承受科學所說諸道理者，以科學所說之宇宙，是惟物論的（至少亦是非惟心論的），機械論的，而吾人所願有者，乃與吾人理想相合之宇宙也。與吾人理想相合之宇宙，依至好的原理而進行；在其中吾人之精神可以不死；意志可以自由；一切有價值之事物，皆可有相當的保障而永久存在。凡此皆吾人所最希望者，但科學皆以威廉詹姆士所謂『不過』（nothing but）二字解釋之。精神『不過』是物質活動之現象；自由『不過』是人心之幻覺；卽吾人所頌美讚歎之人物事功，亦『不過』是遺傳及環境所造成，處於被動的地位。總之，科學以其非惟心論的，機械論的觀點，常以吾人所視爲『低』者，解釋吾人所視爲『高』者。」

爲了要解決這種理想與科學之衝突，他認爲有二個解決之法，卽實用主義及新實在論。他說：

「一實用主義（廣義的）的說法，謂科學所能知，不過世界之一方面；科學不過人之理智的產物；而宇宙有多方面；人所用以接近宇宙之本體者，除理智外固有別種官能也。如康德、海格爾、詹姆士、柏格森皆用此方法，以縮小科學所能知之範圍，而另以所謂道德的意識，及直覺，爲能直接接近宇宙本體之官能。一新實在論的說法，此種說法完全承認科學之觀點及其研究之所得，但同時亦承認吾人所認爲『高』者之地位，不以『不過』二字取消之。」

由此我們可以了解到此時馮友蘭的基本哲學立場爲物質世界屬於科學，精神世界應留給道德。以這樣的哲學立場，他在論述儒家思想時，認爲儒家的理想境界「非僅是天然的，亦非僅是人爲的，而乃是天然人爲，兩相和合，所構成者。所以儒家雖曰『繼之者吾也』，而國家、社會、政治、道德，仍爲必要」。並且，認爲孔子的正名之說「與蘇格拉底所說頗相似」。另外，他論及儒家所提倡之禮樂爲「喜怒哀樂皆是天然，當聽其發，但須以『教』修之，使其發無過不及而已。惟其須『修道之教』，所以儒家制爲禮樂」。「儒家主以禮樂治天下；至於政刑，不過所以推行禮樂而已。禮樂亦是摹倣天然。」「宇宙本來卽是調和有節；禮樂不過使其更美更好而已。」

《人生哲學》出版之際，正爲胡適等在中國提倡「新文化運動」之時，學界瀰漫著「打倒孔家店」之聲，並掀起了「疑古」之風。馮友蘭對儒家思想的論述和對孔子的推崇，多少總是冒天下之大不韙而爲之的。

在「打倒孔家店」和「疑古」的風氣中，馮友蘭又於一九二七年十二月發表了「孔子在中國歷史中之地位」，及二八年六月的「儒家對於婚喪祭禮之理論」，對儒家和孔子思想作了深刻的解釋，並力爲辯護。

馮友蘭在「孔子在中國歷史中之地位」中指出：

> 「卽孔子爲中國蘇格拉底之一端，卽已占甚高之地位。況孔子又爲使學術普遍化之第一人，爲士之階級之創立者，至少亦係其發揚光大者；其建樹之大又超過蘇格拉底。謂孔子不制作或刪正六藝卽爲『碌碌無所建樹』者，是謂古之發明，帆船者不算發明，必發明潛艇飛機始爲有所建樹也。」

由此可見，馮友蘭將孔子比擬爲希臘之蘇格拉底，不僅僅是作一歷史解釋而已，並包括歷史評價在內的。

在「儒家對於婚喪祭禮之理論」乙文中，馮友蘭說：「儒家所宣傳之喪禮祭禮，是詩與藝術而非宗教。儒家對待死者之態度，是詩的，藝術的，而非宗教的。」並且還說「詩與藝術是最不科學的，而卻與科學並行不悖。我們在詩與藝術中可得情感的安慰，而同時又不礙理智之發展。」這種說法正是馮友蘭所謂之實用主義和新實在論的哲學觀點。最後，馮友蘭說：「可知儒家之思想乃極人文主義的（humanistic），積極主義的（positivistic），並不需渺茫虛幻之假定，而一切根據於事實；無所謂中庸之道也。然其高深亦正在此。」

一九三一年，馮友蘭陸續完成《中國哲學史》，在此之前，卽一九一八年，胡適曾著《中國哲學史大綱》上卷，所論述僅及先秦而已，並終胡適一生未能完成完整之中國哲學史，所出版之上卷後亦改題爲《中國古代哲學史》。

陳寅恪在馮著《中國哲學史》之審查報告中稱：

「今欲求一中國古代哲學史，能矯附會之惡習，而具了解之同情者，則馮君此作庶幾近之；所以宜加以表揚，爲之流布者，其理由實在於是。至於馮君之書，其取用材料，亦具通識。」

「能矯附會之惡習，而具了解之同情者」，陳寅恪雖未指出此語所相對之對象，但金岳霖在其審查報告中，就直言——

「胡適之先生的《中國哲學史大綱》就是根據於一種哲學的主張而寫出來的。我們看那本書的時候，難免一種奇怪的印象，有的時候簡直覺得那本書的作者是一個研究中國思想的美國人；胡先生於不知不覺間所流露出來的成見，是多數美國人的成見。……同時西洋哲學與名學又非胡先生之所長，所以他在兼論中西學說的時候，就不免牽強附會。」

「馮先生的態度也是以中國哲學史爲在中國的哲學史；但他沒有以一種哲學的成見來寫中國哲學史。成見他當然是有的，主見他當然也是有的。據個人所知道的，馮先生的思想傾向於實在主義；但他沒有以實在主義的觀點去批評中國固有的哲學。因其如此，他對古人的思想雖未必贊成，而竟能如陳（寅恪）先生所云：『神遊冥想與立說之古人處於同一境界』。……馮先生這本書確實是一本哲學史而不是一種主義的宣傳。」

在《中國哲學史》中，「孔子在中國歷史中之地位」是爲第四章第一節；「儒家對婚喪祭禮之理論」擴大改寫而爲第十四章的三、四、五等三節。此書出版後，馮友蘭聲名鵲起，並奠定其往後之學術地位。

這裏還有一個問題，與對孔子地位之評價有關的。胡適在《中國哲學史大綱》上卷中，以「美國人的成見」，根據司馬遷所列述之漢初傳說，以老子書之著者爲孔子問禮之老聃，而將老子列於孔子之前，爲中國哲學史之第一人。胡適之著出版後，當時學者紛紛質疑，然馮友蘭卻在《中國哲學史》中，將孔子列於老子之前，而述其理由爲：

「就其門人所紀錄者觀之，孔子實有有系統的思想。由斯而言，則在中國哲學史中，孔子實佔開山之地位。後世尊爲唯一師表，雖不對而亦非無由也。以此之故，此哲學史自孔子講起，蓋在孔子以前，無有系統的思想，可以稱爲哲學也。」

因此，胡適即針對馮友蘭，寫了篇「與馮友蘭先生論老子問題書」，而馮友蘭亦答之以「老子年代問題」（此二文皆收入《古史辨》第四册），後胡適又作「評論近人考據老子年代的方法」，而馮友蘭亦還之以「讀『評論近人考據老子年代的方法』答胡適之先生」（此二文皆收入《古史辨》第六册）。後胡適辭窮，卻在二十四年後，即一九五八年，於《中國古代哲學史》臺北版自序中說：

「二三十年過去了，我多吃了幾擔米，長了一點經驗。有一天，我忽然大覺大悟了！我忽然明白：這個老子年代的問題，原來不是一個考證方法的問題，原來只是一個宗敎信仰的問題！像馮友蘭先生一類的學者，他們誠心相信中國哲學史當然要認孔子是開山老祖，當然要認孔子是『萬世師表』。在這個誠心的宗敎信仰裏，孔子之前當然不應該有個老子。在這個誠心的信仰裏，當然不能承認有一個跟著老聃學禮助葬的孔子。」

胡適講這段話的時候，大概是忘記了馮友蘭答覆他的話——「至於在孔子以前或同時有沒有名老聃的一個人，我認爲無關重要。總之老子一書是出在孔子以後的。」

再說，司馬遷老子列傳之所述，只是當時的一些傳說，包括司馬遷本人亦不敢肯定，一下說老子是李耳，字聃；一下又懷疑老萊子是老子；一下又說太史儋是老子，又說不是，而說「世莫知其然否」；一下說老子百有六十餘歲，一下又說「或言二百餘歲」。司馬遷的父親司馬談是漢初道家，家學淵源，對司馬遷不能說毫無影響，並且，老子列傳中，也極言「而老子深遠矣」。

另外，漢初道家爲思想界之主流，至武帝時雖「獨崇儒術」，但司馬遷對老子思想的偏好，在其論述中還是明顯的。司馬遷偏好老子思想，然對老子事蹟不敢直斷，只能保留傳說，而表示懷疑，這是大史家的客觀態度。司馬遷都表示懷疑，胡適又憑什麼採司馬遷所述之言而武斷？而說主張老子書後於孔子的主張都是「宗教信仰」？漢初道家除了好老子書外，還好《黃帝經》，而合稱「黃老」，是否《黃帝經》的作者也是先於孔子的黃帝？倒是顧頡剛提供了一個解釋說：

「老子爲什麼會成爲孔子的老師？我以爲這不是訛傳的謠言，乃是有計畫的宣傳。老子這個學派大約當時有些勢力，但起得後了，總敵不過儒家。他們想，如果自己的祖師能和儒家的祖師發生了師弟的關係，至少能聳動外人的視聽，爭得一點學術的領導權。於是他們造出一件故事，說孔子當年到周朝時曾向老子請教過。」

顧頡剛的解釋誠然有想當然耳之嫌，但是，戰國時代出現許多僞托古人之名的著述卻是事實。

其實馮友蘭說因孔子爲中國第一個有「有系統的思想」記錄者，故當爲哲學史之第一人。這種說法也不盡然。以人來說，每個人都是根據其經驗而產生一定的意識型態，雖不是每一個人自覺其思想的系統化，但根據其一定的意識型態，任何人的思想都有其系統化的傾向。故「有系統的思想」，孔子絕不是中國的第一人。

如果以記錄來說，「論語」誠然是一記錄，但是，「左傳」，甚至更早的「尙書」，亦當是一記錄，只不過不是一人言行的專門記錄而已。古希臘的泰利士（Thales, 624–550 B. C.）以一尙存之斷簡記錄而被稱爲希臘哲學之鼻祖，而將西方哲學史推至蘇格拉底（?—399 B. C.）之前二百多年。孔子生於公元前五五一年，死於公元前四七九年，若能以孔子上推至少二百多年，則中國哲學之產生早於泰利士。這是歷史的事實，中國哲學史的研究者有充分的理由可以這麼做的（因此問題與本文主題無涉故不深論）。

雖然，我們不同意馮友蘭以孔子爲中國哲學史的第一人，但更不能同意胡適以「美國人的成見」，爲貶低孔子的地位，而歪曲歷史，以老子先於孔子的說法。由此亦可知，馮友蘭早年甚至爲了尊孔而遭受胡適攻擊的一般，那知晚年的馮友蘭卻淪爲江青「批孔」的打手。

《中國哲學史》之寫作期間正是「九、一八」事件前後之時，全國民族主義高漲。孔子向爲中國民族之精神象徵，馮友蘭推崇孔子之「建樹之大又超過蘇格拉底」，當與中國民族主義覺醒不無一定的關係。

一九三七年，「七七」事變發生，進入全面抗戰。在抗戰期間，馮友蘭出版了《新理學》（一九三八年），《新事論》（三九年），《新世訓》（四〇年），《新原人》（四二年），《新原道》（四四年），及勝利後才出版的《新知言》（四六年）。

在《新理學》的自序中，馮友蘭自稱「去年中日戰起，隨學校南來，居於南岳。所見聖蹟，多與哲學史有關者。懷昔賢之高風，對當世之巨變，中心感發，不能自已。」並言「此書雖『不著實際』，而當前許多實際問題，其解決與此書所論，不無關係。故雖知其中必仍有須修正之處，亦決及早印行，以期對當前之大時代，有涓埃之貢獻，且以自珍其敝帚焉。」

當《新世訓》出版時，他又在自序中云：

「承百代之流，而會當今之變。好學深思之士，心知其故，烏能已於言哉？事變以來已寫三書。曰《新理學》，講純粹哲學。曰《新事論》，談文化社會問題。曰《新世訓》，論生活方法，卽此是也。……合名曰《貞元三書》。貞元者，紀時也。當我國家民族復興之際，所謂貞下起元之時也。我國家民族建震古鑠今之大業，譬之築室，此三書者，或能爲其壁間之一磚一石歟？是所望也。」

後再加上後出之三書，合六書而被稱之爲《貞元六書》。由此可知，抗戰期間的馮友蘭，不但沒有自外於國家民族，並且盡書生報國之義，曾積極參與抗戰的精神總動員。《貞元六書》在基本上，是擁護蔣委員長抗戰的，是維護中國民族文化的，是非共產主義的。所以，中共新當權派在「評梁效某顧問」乙文中，清算馮友蘭說：《貞元六書》是爲蔣委員長「立道統，叫囂殺共產黨」，而獲得國民政府獎金的「六本反動透頂的書」。但是，當時的事實是，《新理學》一出版，有紙貴洛陽之稱。

並且，賀麟在一九四五年出版的《當代中國哲學》中說馮友蘭的《新理學》是「盡力追溯他的學說如何係『接著』而不是『照著』程、朱、道家，魏晉玄學及禪宗發揮推進而來，有集中國哲學大成的地方。」並且，「由《新理學》、《新事論》、《新世訓》貞元三書，發展爲五書（加上《新原人》及《新原道》二書），引起國內思想界許多批評，討論，辯難，思考，使他成爲抗戰期中，中國影響最廣、聲名最大的哲學家，我們不能不表示欽佩。」

以馮友蘭自稱的實用主義或新實在論而言，在基本上，有心物二元論的傾向，而不是「心物合一」的心物一元論，在學術上，有人或難以苟同。但是，以他學貫中西，著述之勤，若能在一學術自由的環境中繼續研究，其成「一家之言」是可想見的，其對民族文化的復興亦將會有其貢獻。然惜乎「若驚道術多遷變，請向興亡事裏尋」，抗戰勝利不久神州變色，這是整個國家再度的悲運，我們又能說什麼呢？

二、「抽象繼承法」和「孔子討論會」

「叫囂殺共產黨」的馮友蘭在大陸淪陷後，落入共黨之手。「螻蟻且偸生，況爲人乎？」雖然在共黨統治下，尚有許多學人堅決不屈，如梁漱溟、熊十力等，但馮友蘭畢竟是比較怯懦了些。據說中共進入北平的第二年，馮友蘭在各種壓力下，只好寫信給毛澤東「表態」。並曾被下放到農村去參加「土改」；所以，不得不把自己的哲學朝共黨的方向調整，其實只是多貼了幾張馬列標語而已。

據我們所知，大陸淪陷後的初期，馮友蘭著述甚少，所知者有「中國哲學的發展」（五〇年），是爲《蘇聯大百科全書》作參考用的；「中國哲學史發展的一個輪廓」（五六年）。以上二篇當初均未正式發表，僅後來收集在其著《中國哲學史論文初集》。另外，還有「先秦道家所謂道的物質性」（五四年九月九日《光明日報》），「關於中國哲學史研究的兩個問題」（五六年十月二十三日《人民日報》），「中國哲學遺產底繼承問題」（五七年一月八日，《光明日報》），「從中國哲學中的幾個主要問題看中國哲學史中的唯物主義與唯心主義底鬥爭」（五七年五月十九日，《人民日報》）「再論中國哲學遺產底繼承問題」（五七年，《哲學研究》第五期）。

在這些論著中，值得注意的是有關「中國哲學遺產底繼承問題」的二篇文章，這也就是後來被共黨批判爲「抽象繼承法」的基本理論。一直到馮友蘭「批孔」前，這是他尊孔思想的方法論。

孫中山說：「宇宙間的道理，都是先有事實，然後才發生言論，並不是先有言論，然後才發生事實。」（「民權主義」第一講）「言論」是爲一種思想表達的形式，因之，思想概念之發生必「先有事實」，也就是說，思想概念也者，爲「事實」之歸納而後「發生」者，古人之「言論」固由當時之「事實」歸納而產生者，但不能也無法歸納其死後之「事實」，而「事實」卻在其死後會發生不斷的變化。因此，我們所能繼承古代思想遺產，應該且事實上也只能「抽象化」的或「本質化」的作一繼承。這也就是說，我們只能繼承古人思想的「基本精神」。所以，孔子說：「殷因於夏禮，所損益可知也。周因於殷禮，所損益可知也。其或繼周者，雖百世，亦可知也。」（《論語・爲政》）既有「損益」、「雖百世，亦可知也」，就是「可知」其「基本精神」！子貢也說：「文武之道，未墜於地，在人。賢者識其大者，不賢者識其小者。」（《論語・陽貨》）同是「文武之道」「識其小者」是爲不賢，「識其大者」是爲賢。「其大者」其實也就是「基本精神」。

以「忠」爲例言之，以前「忠」是對皇帝而言的，民國以後，中國不再有皇帝，如果說要繼承古人「忠」的思想就必須去立一個皇帝，固爲大謬，但說沒有皇帝就不必講「忠」也是不對。所以，孫中山誠然反對「忠君」，但還是主張「忠」——「忠於民」「忠於事」（「民族主義」第六講）。以孔子的話來說，主張立皇帝才講「忠」就是不知「損益」，以子張的話來說就是「識其小者」。唯主張「忠於民」「忠於事」者，才是知其「損益」，才是「識其大者」。用馮友蘭的話來說就是「抽象的繼承」。

馮友蘭在「中國哲學遺產底的繼承問題」一文中，認爲哲學命題的意義可以分爲「抽象意義」與「具體意義」，他說：

「什麼是命題的抽象意義與具體意義呢？比如：『論語』中所說的『學而時習之，不亦說乎』，從這句話的具體意義看，孔子叫人學的是詩、書、禮、樂等傳統的東西。從這方面去了解，這句話對於現在就沒有多大用處，不需要繼承它，因爲我們現在所學的不是這些東西。但如果是從這句話的抽象意義看，這句話就是說：無論學什麼東西，學了之後，都要及時的經常的溫習與實習，這都是很快樂的事。這樣的了解，這句話到現在還是正確的，對我們現在還是有用的。」

這種說法，顯然是和當時中共對馬克斯主義的理解相違背的，因爲中共認爲「共產黨宣言」中明白的說出了：

「共產主義革命就是因過去遺傳下來的所有制關係實行最澈底的決裂；所以，毫不奇怪的，它在自己的發展進程中要因過去遺傳下來的種種觀念實行最澈底的決裂。」

按照當時中共的理解，馮友蘭的「抽象繼承法」，不但不是與傳統思想「實行最澈底的決裂的」，而且是要合理的繼承傳統思想的「基本精神」的；所以，那不是馬克斯共產主義的。並且，套用馮友蘭的話來說，他的「抽象繼承法」，不但有「抽象意義」，並且，還具有「具體意義」。其「具體意義」，卽反對當時共黨對中國文化的破壞。他說：「我們近幾年來，在中國哲學史的教學研究中，對中國古代哲學似乎否定的太多了些。否定的多了，可繼承的遺產也就少了。我覺得我們應該對中國的哲學思想，作更全面的了解。」

這篇文章發表了之後，當然引起共黨的反擊，反擊來自胡繩（後被整肅，剛「解放」），和關鋒（後因「五一六兵團」被整肅，待審判中）。因而引起馮友蘭「再論中國哲學遺產底繼承問題」。他不但沒改變他的立場，反而明確的答覆說「現在我覺得我的基本論點，倒是更明確了。」所以，他的結論是：

「歸結起來說，在前一篇與這一篇文章中所講的，主要的是一個方法問題。我承認，專靠這個方法，未必能解決哲學遺產中的繼承問題；但是，不用這個方法，就不能解決哲學遺產中的繼承問題，也不能作哲學史研究工作。事實上這個方法是大家所經常使用的。」

後來，臺灣的《中共研究》雜誌社編委會，在介紹馮友蘭的這兩篇文章時也說：

「文中所謂『抽象繼承法』（又稱「一般繼承法」），具見學人在馬列教條束縛下力求有以保存民族文化的苦心。雖然『抽象繼承法』遭受毛共哲學家胡繩、關鋒等人的猛烈攻擊，指爲資產階級思想，以至扣上『修正主義』的帽子，卻受到大多數學人的贊同。而且影響深遠。」

在這個時期馮友蘭有關中國哲學史的論述，雖然不得不附會了一些馬列教條，但是，基本上卻是他自己的「抽象繼承法」。並且，以此「抽象繼承法」來論述儒家思想和孔子的。

如在「中國哲學底發展」長文中，他仍然把孔子稱爲「古代哲學的開始」。雖然在強大的政治壓力下，他不得不說「注重『禮』與『孝』是孔子思想的保守方面」（其實這種話，胡適等人老早就有「吃人的禮教」和「非孝」的說法，也不必等到共黨統治才說），但卻又強調「注重『

直』與『仁』是孔子思想底進步方面」。並且說孟子「在許多方面，他豐富了並發揮了孔子底理論，尤其是『仁』底理論」；「對於舊的統治階級（封建貴族）說，他底學說，有相當的革命性，他底學說有革命性的一部份，對一九一一年中國革命，起了相當的推動作用。」

在馬列教條中，把人類思想簡單而機械的分成唯心的和唯物的二種對立的形態。並且，唯物的就是好的，就是進步的；唯心的，就是壞的，就是反動的。因此，整部哲學史就變成了「唯物主義與唯心主義鬪爭的歷史」。在共產統治下，誰能不接受這個欽定的「框框」，馮友蘭也不能例外。於是，他發表了「從中國哲學中的幾個主要問題看中國哲學史中的唯物主義與唯心主義的鬪爭」。但他卻在文中不但肯定唯物的思想，並且，也肯定唯心的思想。換言之，卽肯定一切民族思想的精華，而不論其唯物唯心。並且，在結論中打破馬列教條的「框框」說：「把唯物主義與唯心主義看成是兩條直線平行的發展，認爲其中只有『兩軍對壘』的鬪爭，沒有統一底一面，這是把哲學史簡單化，不合乎事實。」

大陸淪陷後，馮著《中國哲學史》被判定爲資產階級唯心論形而上學之作而被禁止，但由於馮友蘭的中國哲學史的知識，中共無人能予取代，只好再由他負責重編中國哲學史，故有馮著《中國哲學史新編》的問世，此書第一册爲一九六二年出版。在寫作期間，共黨並不信任他，而替他配備助手，經過再三修改才出版的，在第一册出版時的自序中把這種情形也都抖了出來。他說：

「爲了完成寫這部書的任務，黨給我配備了得力的助手。一位是朱伯崑同志；一位是莊印同志。我先寫初稿。朱伯崑同志提意見，作補充；我修改後成爲二稿，莊印同志再提意見；我再改後作爲三稿，印成稿本後，由編寫『中國哲學史敎科書』小組討論提意見，再修改後成爲據以付印的定稿，就是現在這個樣子。」

更令人尋味的是馮友蘭在此書扉頁上的「題詞」，全文如下：

望道使驚天地寬，南針廿載溯延安。
小言亦可潤洪業，新作應需代舊刊。
始悟顏回歎孔氏，不爲餘子學邯鄲。
此關換骨脫胎事，莫當尋常著述看。

從其自序中來說，今日中外學者能向馮友蘭提有關中國哲學史及哲學上有關唯物論和辯證法知識意見的人恐怕寥寥無幾。而朱伯崑、莊印何許人也？居然能向馮友蘭提意見，而後修改原稿。可見所提絕不是中國哲學史的知識的意見，而是強制馮友蘭的學術觀點去符合共黨的思想敎條，但還是免不了馮友蘭的「思想走私」。

題詞在表面上大事恭維毛澤東及其「延安文藝座談會上的講話」，但是，最後點出「此關換骨脫胎事，莫當尋常著述看」，不正表示此書絕非著者原意，而是在「換骨脫胎」的情形下寫成的嗎？這種只有在共黨統治下才會有的事，當然「莫當尋常著述看」。怪不得「訴梁效某顧問」

的作者會聲色俱厲的說：「幾十年來，你表演的够充分了。你的吃虧就在於不老實。如眞正想『脫胎換骨』，就該改弦易轍，再不能在你那條道路上走下去了，那是一條絕路。」

「四人幫」被整肅之後，馮友蘭被新當權派稱爲「四大無恥」之一。管子說：「衣食足，則知榮辱。」在共黨統治下，不但衣食控制在共黨手中，連生命也控制在共黨手中。在這種情況下，又有多少人能有恥得來。何況手無寸鐵的馮友蘭能「不老實」的「無恥」，也庶幾有恥乎？

在《中國哲學史新編》第一册出版之前，關鋒和林聿時曾發表「論孔子」（六一年，《哲學研究》第四期）一文，此文對孔子是否定的多，肯定的少，並言「孔子哲學的方法論是折衷主義，其世界觀基本上是主觀唯心主義和『客觀』唯心主義的折衷雜拌。他在政治行動方面，尤其在中年以後，更是保守的、反動的，站在沒落奴隸主貴族立場。」此文一出，不但引起了孫長江「怎樣分析孔子的哲學思想」（六一年，《教學與研究》第四期）的反駁；並且，引起馮友蘭「論孔子關於『仁』的思想」（六一年，《哲學研究》第五期）爲孔子思想辯護。他說：「孔子的思想並不是一個各方面拼湊起來的折衷主義的雜拌兒，而是一個完整的哲學體系。」並且，強調孔子對「周禮」並不是保守的復古主義。他說：

> 「孔子雖然贊美『周禮』，但他並沒有說過，『周禮』絕對不能改動。對於以前的制度，孔子本來主張應該有繼承也有變通。他說：『殷因於夏禮，所損益可知也。周因於殷禮，所損益可知也。其或繼周者，雖百世可知也。』（「論語」，爲政）就是說周以後多少朝代，對於『周禮』，都有因革，損益。孔子對於『

周禮』正是本著這個原則作的，這也就是孔子的改良主義的表現。」

這個爲孔子思想辯護的立場，在《中國哲學史新編》中，亦未改變。他還是把孔子列爲中國哲學史上的第一人，並針對當時「批孔」的論點予以反駁。他總結了孔子的思想說：

「孔子的學說在中國哲學史中也有著重要的意義。他是中國古代一位偉大的思想家。他創立了古代中國最早的學術流派。在中國歷史上第一個提出了比較系統的理論體系。他的哲學觀點，標誌著古代的思想開始從神權的束縛中解脫出來。他還能夠把人和現實生活提到了重要的地位，從人的實際生活的需要，觀察和了解問題，並且注重人的精神世界的修養。這都是孔子的貢獻。」

所以，《中共研究》雜誌編委會說：「特別值得注意的，是馮在文中針對反孔派的論據，如刑書刑鼎，張公室與初稅畝、《尙書》《左傳》中的『仁』字，『人』『民』『衆』三字的用法及『克己復禮』的意義等等，都提出了有力的反駁。」

另外，一九六一年和六二年，兩次在山東召開「孔子討論會」，會中爭論甚爲激烈，誠如徐晴嵐在「毛共『批孔揚秦』運動的背景和陰謀」乙文中所說的——

「當時對孔子的評價，有四派不同的主張：一、認爲孔子思想代表沒落階級利益的，是反動的；二、是進步的、革命的；三、有進步的一面，但不是主要的，維護舊制度一面是主要的；四、進步的一面是主要的，維護舊制度一面不是主要的。馮（友蘭）自認是屬於第四派。匪區多數有名的學人，也都是持此觀點。」

馮友蘭從身為自由學人而尊孔，到附會馬列主義而暗用「抽象繼承法」以尊孔，這是他對孔子思想論述的第一回合的轉變，其中或有其「苦心」在內，但在基本上，還未完全脫離民族文化的立場。然而，後來他一轉而成為「批孔」的主要打手之一，不禁令人愕然。我們還是聽他自己所說的——「請向興亡事裏尋」吧！

三、「文革」與「論孔丘」

一九六五年十一月十日，上海的《文匯報》發表了姚文元「評新編歷史劇『海瑞罷官』」揭開了中共天人共憤的「文化大革命」的序幕，接著「文革」鬪爭不斷升高，直到「砲打劉鄧司令部」，揪下了「國家主席」劉少奇，且摧毀一切由劉鄧派所控制之黨、政及一切文化宣傳部門。「孔子討論會」為周揚所策劃，自然在批判之列。另外，劉少奇所著《共產黨員的修養》，其中多引孔子思想，且為中共黨員所必讀者。為剷除劉少奇的影響力，《共產黨員的修養》被批成了「黑修養」，而開始「批孔」。

一九六七年一月十日，《人民日報》刊出署名「北京師範大學毛澤東思想紅衞兵井岡山戰鬪團」的兩篇文章，「『孔子討論會』是牛鬼蛇神向黨進攻的黑會」及「牛鬼蛇神在『孔子討論會』上放了些什麼毒」。並在編者按語中說：「兩千多年來，中國的反動統治階級，把孔子說成什麼『聖人』，一直用反動的孔子思想來欺騙和愚弄勞動人民，以維持和鞏固他們的統治地位。」「在無產階級文化大革命中，打倒孔老二這具封建僵屍，徹底鏟除反動透頂的孔子思想，是我們一項重要任務。」然後在第一篇文章中說「孔子討論會」是：

「這個名義上是由山東歷史學會和山東歷史研究所發起召開，實際上，反革命兩面派周揚是它的後臺老板。在這次會上，劉導生、余修、馮友蘭、呂振羽、李景春、高贊非等大大小小牛鬼蛇神和資產階級反動『專家』、『權威』，搖旗吶喊，大放毒箭，惡雲毒霧一時廣爲瀰漫。會後，這些壞傢伙又到曲阜『朝聖』，對著封建祖宗孔老二的偶像頂禮膜拜，演出了解放以來最大的一次『尊孔』丑劇。」

在第二篇文章中被指名的有：李景春、馮友蘭、呂振羽、金景芳、高贊非、劉節、金兆梓等人。並且列舉他們的五大罪狀爲：

一、狂熱的歌頌、美化孔老二，惡毒地汚蔑、攻擊毛澤東思想。

二、大肆宣揚孔老二的「仁政」「德治」，惡毒攻擊者無產階級專政，公開煽動反共革命復辟。

三、借古諷今，指桑罵槐；惡毒地攻擊三面紅旗，辱罵黨的領導。

四、妄圖把孔老二的唯心主義的世界觀打扮成辯證唯物主義的世界觀。

五、鼓吹人與人「彼此相愛，互相擁抱」，妄圖模糊階級界限，抹煞階級鬭爭。

這兩篇文章和編者按語是共黨公然完全否定孔子思想的訊號，但當時並沒有發動羣眾性的「

批孔」運動，而其對象又是劉少奇，且「批孔」不得人心，故呼應的文章不多。直到發動「批林批孔」，目標指向「文革」時期的毛澤東的「接班人」，紅色法西斯魔王劊子手的林彪，羣眾也開始借「批孔」以批毛，終於批出個「李一哲大字報」來，繼之以「天安門事件」。

但在共黨批劉「批孔」的時候馮友蘭便成了替罪之羊，終逼使儒弱的馮友蘭變成「梁效」的打手。

一九七三年秋，共黨發動「批林批孔」，至十二月三日，《光明日報》轉載了馮友蘭發表在《北京大學學報》的「對於孔子的批判和對於我過去的尊孔思想的自我批判」；四日又轉載了他的「復古與反復古是兩條路線的鬪爭」；七十四年二月一日，《光明日報》又刊出他的「從個人的體會談談批林批孔同團結、教育、改造知識份子的關係」。至此，馮友蘭自辱自己的尊孔，而「人云亦云」的「批孔」。他爲什麼自辱而「批孔」，而發表前面二篇文章？在第三文中，他說：

去年秋天，羣眾性的批林批孔運動展開了。開始的時候，我的心情很緊張。我想：糟了，在文化大革命以前，我一向是尊孔的。現在要批林批孔，還要批尊孔，我又成了革命的對象了。……學校的領導上知道我的這個思想，就鼓勵我在哲學系的全體師生大會上，講講我現在對孔子的認識。《北京大學學報》發表我的第一篇文章，就是我在這次大會上的發言稿。後來領導上又鼓勵我在北大老年教師批林批孔大會上發言。《北京大學報》發表的我那第二篇文章，就是在這次大會上的發言稿。

由此可見馮友蘭之「批孔」不是出自志願，而是在恐懼的心理狀況下，經不起威脅利誘，由「領導上」「鼓勵」而「批孔」的，故他後來自稱「批孔」是「人云亦云」，應該是可信的。由於心不甘情不願，他也就不能不「不老實」。因此，在這篇文章中隱隱約約的吐苦水，說「批孔」「在開始的時候，我覺得對於我好像是一種災難。後來我覺得對於我確實是一種幸福」。並自艾自怨的說「我常想，我是生得太早了，但這有什麼辦法呢？雖然生得太早，幸而死得還晚，現在我還可以學習馬列主義，毛澤東思想；同革命小將一起戰鬪」。之所以如此，乃因爲「批孔」是「毛主席親自領導，指示方向。我年近八十，過去搞了半世紀的中國哲學史。現在還能看到這偉大的革命，這是很大的幸福。」

由上引馮友蘭的自述，可知「幸福」背後有多少恐懼的「緊張」，有多少「生得太早了」「死得還晚」的艾怨。馮友蘭爲什麼如此委曲求全？奧國心理學家佛蘭克（V. E. Frank）在「人之意義尋求」（Man Search For Meaning）一書中自述，他在希特勒的集中營中忍受非人生活，而能殘存下來，乃是因其「求意義的意志」（will-to-meaning），他尙有一部計畫中的著作未能完成。古人言「養其身，以其有所待也」，馮友蘭在「待」什麼？

他在「批孔」的第一篇文章結尾時說「我決心照著毛主席的指示，認眞學習馬列主義，毛澤東思想，改造世界觀，修改《中國哲學史新編》已出版的部分，完成尙未寫出的部分，爲祖國的社會主義革命和建設盡一點力量。」在第二文中也說「使哲學史工作能爲無產階級革命事業作出貢獻」；在第三文中自我批判已出的《中國哲學史新編》部份，也是爲了希望能完成這部著作。《中國哲學史新編》爲什麼對馮友蘭這麼重要？他自述說「在抗戰時期，我本來有一種計畫，打算在勝利以後，再多收集一些資料，重新寫一部《中國哲學史》。」所以，《中國哲學史新編》根本不是什麼「爲祖國的社會主義革命和建設盡一點力量」，而是馮友蘭準備爲民族文化作出貢獻的著作。

以我們見到的《中國哲學史新編》第一册和第二册而論，其材料之豐富，規模之宏大，遠超過原著《中國哲學史》，雖其中附會了不少馬列主義和毛澤東思想，但這只是一些表面上的塗料，有識之人只要撥雲霧卽可見青天。共黨的思想控制遠超過希特勒的集中營，馮友蘭能不能有佛蘭克的幸運，以完成他在抗戰時期就準備寫的《中國哲學史新編》，實爲一切熱愛民族文化者所關注之焦點。

在「批林批孔」期間，共黨一口咬定孔子是「維護奴隸制的思想家」。孔子之所以會在二千多年後變成「維護奴隸制的思想家」，乃是共黨根據馬列主義把人類社會分成五個時期，卽原始社會、奴隸社會、封建社會（與中國所謂「封建」異義）、資本主義社會及社會主義社會（共產主義社會）。以馬列主義將中國歷史分期的問題，從三十年代「社會史論戰」起，就爭論個不休，大陸淪陷後又再討論，最後由毛澤東欽定春秋戰國之際爲古代奴隸社會和封建社會的分野期。因此，周是爲奴隸社會，「周禮」便是奴隸制度。孔子曾讚美「周禮」，並且，主張「復禮」，因而孔子就被共黨規定成了「維護奴隸制的思想家」。馮友蘭的「批孔」，在基本上，也不能不接受這套共黨教條。

如果以上所述之共產教條能成立，則「批孔」在基本上是正確的（是否爲「奪權」之藉口又是另一回事），如果不能成立，則在基本上「批孔」爲謬（也許「批孔」中說對一兩句話也是另一回事）。因此，我們就必須討論馬克思主義唯物史觀的社會五階段論是否是人類社會歷史發展的普遍形式。

我們當知道任何一富有經驗內涵的抽象理論的命題，必有其被抽象的經驗對象，而對此對象具有普遍性。然任何人的經驗有其局限性，因此，任何一理論僅能在其考察的特定對象中具有普遍性而已。且因一切事物總有其一定之共同性，故一理論雖不能普遍解釋其考察對象之外的事物，但對其共同之處尚具有一定解釋之能力。故我們對古今中外之學說，僅能「識其大者」，不能「識其小者」。然無論如何，不可能有一富有經驗內涵而又具有絕對性之普遍理論。

馬克思和恩格斯在基本上，對中國和亞洲歷史知識之貧乏是令人咋舌的，且有所謂「亞細亞生產方式」之論。在《資本論》第三卷說到印度是「共有財產的農村公社之模式，而此亦是中國之原始方式；恩格斯在《反杜林論》中說到「東方專制王朝」乃是基於「舊時的農業公社」。所以，胡秋原說：「在馬克思心目中，在鴉片戰爭之時，中國不過是一原始共產社會或末期，還不够一個奴隸社會，更不用說封建社會了。」因此，共黨以春秋戰國之際爲「奴隸社會」和「封建社會」的分野，也是不合乎馬、恩的說法的。

馬、恩對中國之無知，實乃當時西方之一般現象，不足爲怪，而其乃是以西歐之社會歷史爲考察之對象，而建立其唯物史觀的公式，無論其理論是否可以正確的解釋西歐社會之發展，但因其考察未包括對中國歷史之認眞研究，故其理論上沒有能力解釋中國社會發展的必然性，亦卽對中國社會發展之解釋不具普遍性。關於這一點，馬克思亦有自知之明，故其在晚年覆俄國革命家查素莉契的信中，說到「資本主義之歷史之必然性只限於西歐國家」；其在覆俄國社會學家米海洛夫斯基的信中還說到他根本無意使其唯物史觀成爲「普遍的歷史哲學」。所以，共黨濫用馬克思唯物史觀之公式亂套中國歷史，亦馬克思本人所料非及。

我們不同意以「亞細亞生產方式」來解釋中國社會與歷史，也不同意以唯物史觀的公式亂套中國社會的發展史，其眞正的理由並不在於是否是馬克思的本意，而是在於這些理論不能說明中國社會發展的事實，其之所以不能解釋中國歷史，乃是因爲馬、恩從未能認眞研究過中國歷史的發展。

照共黨的說法，說西周就是所謂「奴隸社會」，秦漢以後是「封建社會」。我們承認西周有奴隸，並有奴隸的買賣，但是秦漢以後又何嘗沒有？一直到近代，至少在民國以前，販賣人口仍是合法的。這爲什麼又不是「奴隸社會」呢？由此可見要以「奴隸社會」的概念來說明中國社會的發展，是不能概括其歷史事實的。

恩格斯說：「奴隸制起初雖然僅限於俘虜，但已經開闢了奴役同部落人甚至同氏族人的前景。」這個說法與中國古代奴隸的產生大體吻合。西周有「獻捷」、「人鬲」及「錫夫」的說法；《左傳》定公四年，說到周天子將戰敗被俘的「殷民六族」、「殷民七族」、「懷姓九宗」分別分給魯公、康叔和唐叔。《史記・商君列傳》說到商鞅變法「事末利及怠而貧者，舉以為收孥」，亦符恩格斯之說法。但是，為什麼西周就是「奴隸社會」，商鞅卻成了「封建地主階級的政治家」呢？可見共黨亂套唯物史觀公式之結果，只有對中國歷史胡說。

再說，列寧指出：「奴隸主和奴隸——是第一次的大規模的階級劃分。前一集團不僅佔有一切生產資料（卽土地和工具，盡管當時工具還十分簡陋），並且還佔有人。這個集團叫做奴隸主。從事勞動並把勞動果實交給別人的人則叫做奴隸。」西周是否有井田制，經民國以來學者的辯論，大體上是可以肯定的。但在井田制中，是否有「佔有一切生產資料」及「並且還佔有人」的奴隸主，和「從事勞動並把勞動果實交給別人」的奴隸呢？《詩經・大田》中說「雨我公田，遂及我私」孟子說：「方里而井，井九百畝，其中為公田，八家皆私百畝，同養公田。」（「滕文公」上）可見，井田制中是有「公」，有「私」，而不是如列寧之所述。以經濟基礎來講，井田制就是井田制，而不是什麼奴隸制；井田制後來崩潰也就是井田制崩潰，而不是什麼奴隸制崩潰。不錯，孟子是主張恢復井田制的，這乃是因為暴君污吏的橫征暴斂，使人民覺得「苛政猛於虎」。不管孟子的主張是否正確，但這和奴隸制又有何干？

列寧說奴隸制中的奴隸主「並且還佔有人」，被佔有之人卽奴隸，因被佔有故無人身自由。在《論語》子路篇中，孔子說只要「上好禮」、「上好義」、「上好信」，「則四方之民襁負其子而至矣」；同篇，當葉公問政，孔子答以「近者說，遠者來」。如果「周禮」就是奴隸制且「民」是如共黨所言的奴隸的話，孔子之言豈不是鼓動奴隸逃亡？如果孔子所言是合乎「周禮」的話，那能够「遠者來」及「四方之民襁負其子而至」的「周禮」，又怎能是「佔有人」的奴隸制呢？於此又可見唯物史觀之公式不能說明中國歷史，及共黨對古史之瞎扯！

再從思想上來考察，被馬、恩認定是「奴隸社會」的希臘，有柏拉圖的《共和國》認爲奴隸是理想國家所必需之階級，有亞里斯多德認爲奴隸制是「有益的和公平的」，並認爲奴隸是「會說話的工具」。查遍西周以來的典籍，有君、臣，君子、小人，大夫、庶人等等的說法，這表示古代中國並不是一個平等的社會，但從未有把人只當「會說話的工具」的說法。反而，自皐陶以來就說過「天聰明，自我民聰明；天明畏，自我民明威」。（《尙書・皐陶謨》）另如，「天亦哀于四方之民，其眷命用懋；王其疾敬德」（《尙書・召誥》）；「天子作民父母，以爲天下王」（《尙書・洪範》）；「人无於水監，當於民監」（《尙書・酒誥》）；要「懷保小民」，「知稼穡之艱難」，「知小民之依」（《尙書・无逸》）；「天視自我民視，天聽自我民聽」（《孟子・萬章篇》引泰誓）；「民之所欲天必從之」（《左傳・襄公三十一年》引泰誓）。什麼是「天」，周公說「天惟時求民主」（《尙書・多方》）。這也就是說，天子的權力是來自於「天」

——「奉天承命」，天子不過是「天」爲民所求之「主」而已。因天子的權力來自「天」，所以必須聽從「天」，而「天聽」又就是「民聽」，所以天子就「當於民監」。請問這樣的「民」會是奴隸嗎？要「天子作民父母」，這種要求天子與民的關係當如父母與子女的關係，會是奴隸主與奴隸的關係嗎？我們不相信十億中國人會蠢到都認爲西周是馬列主義所說的「奴隸社會」，當然馮友蘭更不會無知到這種地位。但是，在「批、鬪、改」的威脅下，又有誰能不照著「黨中央」的喇叭而誦經呢？

以馬、恩唯物史觀公式解釋古代中國歷史，根本牛頭不對馬嘴，再用這套牛頭不對馬嘴的解釋來「批孔」，無非是歪曲孔子思想，以達成江青等批「當代大儒」周恩來的政治目的而已。以「批孔」而言，在基本上，馮友蘭在共黨的威脅利誘下，不能不照「黨中央」的喇叭「人云亦云」。但是，因其累積了半世紀以上的中國哲學史知識，故其造成了更大的對孔子及古代中國哲學史的混淆，但一切的論說若不是根據正確的事實考察和嚴格的邏輯推論，而只是根據主觀欲達到某一目的的願望，以歪曲事實和邏輯，那麼總是會自相矛盾的。我們不談馮友蘭前後的尊孔與「批孔」的矛盾，僅以其「批孔」的《論孔丘》一書中，就充滿了自相矛盾和謬誤。

在《論孔丘》一書中，把孔子「近者說，遠者來」及「四方之民皆襁負其子而至矣」說成：

「實際的情況是，當時奴隸制已經崩壞，大量的奴隸解脫了枷鎖。在社會上流動遷徙。在這種情形下，孔丘向當時尚未完全垮臺的奴隸主貴族出謀獻策，叫他們利用這種機會，實行些小恩小惠，盡量招來勞動力，以供他們剝削。」

我們卽使承認春秋戰國時代是什麼「奴隸社會」向「封建社會」的過渡，這段話也是矛盾的。因爲要招來已經被解放了的奴隸作爲勞動力的「奴隸主」，應該是已經由「奴隸主」轉化而成的「封建領主」，已不再是「奴隸主」了。爲這些新興的「封建領主」「出謀獻策」，應該是促進了「封建制」，怎麼又會是維護「奴隸制」呢？

至於對孔子所說「齊一變，至於魯；魯一變，至於道」（《論語．雍也》），馮友蘭說這乃是：

「孔丘的夢想，是以魯國爲基礎，恢復周禮。他所謂變，不是向前變而是向後退。所謂道的具體表現就是周禮。他認爲，如果在魯國恢復了奴隸制度，那就是變到最完善的地步。其實是倒退到最落後的地步。」

我們姑且不論這種對古代思想的解釋——想「孔子的夢想」，根本是一種「直禠孔孟心傳」的「猜心事」的方法。孔子明明說過殷和周的「禮」都是經過夏而「損益」的，並且，百世之後也會「損益」，要「倒退到最落後的地步」，應該倒退到夏才對，爲什麼僅僅是「恢復周禮」而已呢？

不錯，孔子有崇古的傾向，但是不能說是「復古」，並且，他的崇古正是共黨說的「古爲今用」，因此，要論斷孔子崇古是否是進步思想，不是以古爲判斷，而需以「今用」爲判斷，也就是要看他崇的是什麼古，並對當時有什麼意義。他不但讚美過「周禮」，並且，讚美過堯、舜、禹等人。他讚美堯說「蕩蕩乎民無能名焉」（《論語・泰伯》），可見他是站在「民」的立場讚美堯。他講到禹更是具體的說「菲飲食而致孝乎鬼神，惡衣服而致美乎黻冕，卑宮室而盡力乎溝洫。禹，吾無間然矣」（同上）。「致孝乎鬼神」、「致美乎黻冕」，以今日眼光視之當爲其「小者」，但是，身爲天子「菲飲食」、「惡衣服」，尤其「卑宮室而盡力乎溝洫」，不能不說是當時統治者的美德。在孔子看來這其實就是「克己」——克制自己的慾望，就是「禮」的眞精神，是其「大者」也。所以說「克己復禮爲仁。一日克己復禮，天下歸仁焉」（《論語・顏淵》。這種「克己復禮」居然被馮友蘭說成什麼「反動的政治綱領」，這豈不是寃哉枉矣！難道非要像共黨領導階層一樣過那荒淫無度的生活才是進步的政治綱領？

《論語》中記載了孔子的三段話，「生而知之者上也；學而知之者次也；困而學之者，又其次也；困而不學，民斯爲下矣」（「季氏」）；「唯上智與下愚不移」（「陽貨」）；「中人以上可以語上也，中人以下，不可以語上也」（「雍也」）。而馮友蘭說「孔丘的這幾段話，概括了他的先驗論的認識論」。並且，他又把當時社會分成三層，一是「奴隸貴族」，是上從天子，下至於士；第二層是庶人、工、商等自由民；第三層是奴隸。所以，孔子所說的「生而知之」是指天子、國君；「學而知之」是指卿、大夫、士；「困而學之」是指自由民；「困而不學」是指奴隸。因此「民」是「困而不學」的「下愚」。但這種說法簡直是完全不顧材料的「自由心證」

的胡說霸道！

稍知孔子者，無人不知孔子提倡「學」，既提倡「學」何來「生而知之」，所以，孔子自述「我非生而知之者，好古、敏以求之者也」（《論語‧述而》），可見孔子所說的「生而知之」只是邏輯上的「空類」，只是在作分類時所做的一個排列而已。再說，共黨認爲「民」就是從事生產勞動的奴隸，當時最大量的生產勞動者當是農民，「野」或「鄙」乃是「國」以外的農地，所以，當時又把農夫稱做「野人」或「鄙夫」，也就是共黨所指的「奴隸」。而孔子卻說「吾有知乎哉，無知也。有鄙夫問於我，空空如也，我叩其兩端而竭焉」（《論語‧子罕》）。由此可見孔子教學的對象，確實是「有教無類」（《論語‧衞靈公》），並且包括「鄙夫」，也就是共黨說的「奴隸」。另外，孔子還說過「先進於禮樂，野人也。後進於禮樂，君子也。如用之，則吾從先進」（《論語‧先進》）。孔子叩「鄙夫」、從「野人」，「民斯爲下」只不過是當時客觀社會的寫照，又何嘗是其主觀的對什麼「奴隸」的歧視。

在《論孔丘》一書中，對孔子思想充滿了歪曲，也充滿了前言不對後語的矛盾。這絕不是博學深思如馮友蘭者對孔子思想的眞實了解，而只是「人云亦云」的結果。所以，我們不忍深責，也不必深責。

四、結　語

從馮友蘭八十六年的一生，及其對孔子思想論述的轉變，來看近代中國知識份子的心路歷程，實如唐君毅所言之「花菓飄零」。海外的知識份子固是飄泊終生浪跡天涯，何處是兒家。臺灣的知識份子也不能不是抱孤臣孽子之心，而嘆「塞上長城空自許」。大陸的知識份子更是亙亙長夜何時欲曉天，並且，受盡污辱、蹂躪，尚不得苟全性命於亂世。

無論說馮友蘭是怯懦、投機、「不老實」，但爲苟全性命完成著作之心願，不斷的自辱，不斷的改變自己主張。最後，以八十幾歲的高齡最後還是逃不過共黨的批判。最近在海內外的輿論壓力下，中共又讓馮友蘭發表文章了。但是，作爲一個學者而言，馮友蘭雖不斷迎合當權派的路線，而改變自己的主張，然共黨內鬪不休，馮友蘭的轉變又要底於何時呢？因此，不禁令我們在西望中原之際，掬一把同情之淚。馮友蘭的際遇，不但是他個人的悲劇，學術的悲哀，並且，也是近代中國民族的悲劇。身爲一個知識份子，我們也想起梁漱溟與熊十力，如果中國知識份子能有一定的道德勇氣都能如梁、熊，一般對極權政治也應可產生一定的抵抗力，而不致遭遇如此的凌辱。雖如此，但我們相信十億優秀而偉大的中國人民，總有一天會用自己的血肉推翻極權的暴政，而建立一個安和樂利的新中國。屆時中國知識份子才能在自己的土地上，竭盡自己的心智，貢獻給自己的祖國。在新中國的來臨之前，我們殷盼海內外學者對共黨控制下的大陸學術的研究，當深體馮友蘭的一句話——「若驚道術多遷變，請向興亡事裏尋」！

一九八一年四月二日定稿

九、丹尼勒威斯基的文化思想

一

尼古拉．丹尼勒威斯基（Nicolas Danilevsky），生於一八二二年，死於一八八五年，是舊俄時代的一位大文化思想家。他對於文化和社會的思想影響了二十世紀好幾位最偉大的文化思想家，如斯賓格勒（Spengler）、湯恩比（Toynbee）、樂瑟譜（Northrop）、索羅金（Sorokin）、克魯伯（Kroeber）。丹氏早年就讀於聖彼得堡大學，曾於一八四九年任 Botany 地方的長官之職，並從事過許多年的實際政務工作。另外，他還從事於文化、政治、經濟和一般性著作的寫作。他的著作在俄國吸引了許多思想家、政治家和作家，其影響力之大，被視爲斯拉夫主義的創導人。他身寄宦途，其作品也大都與政治有關，甚至多少帶著相當程度的政治宣傳的味道。但他對於文化與文化法則的探討卻開了這方面的先河。

丹氏影響後世學者最鉅的著作厥爲百年前出版的《俄羅斯與歐羅巴》（*Russia and Europe*, 1869），此書在一八九〇年曾有法文的節譯本，一九三〇年有德文譯本。直到素羅金出版《危機時代的社會哲學》（*Social Philosophies of An Age of Crisis*, 1950），丹氏的理論才被正式有系統的介紹到英語世界。（按：此書在一九六三年改名爲 *Modern Historical and Social Philosophies*，徐道鄰先生曾有節譯的介紹）後來，素羅金在其所著《今日社會學學說》（*Sociological Theories of Today*, 1966）又做了一次介紹。黃文山先生亦曾有一文「文化法則論究及其發端」專論丹氏的文化法則。（此文爲其所著《文化學體系》一書中的附錄，見該書三四〇頁至三五〇頁）

丹氏除上述的《俄羅斯與歐羅巴》外，尚有二册論「達爾文主義」（Darwinism）的著作，在經濟學方面有《俄國盧布的貶値》（*Devaluation of Russian Rouble*），在政治學方面有《一般歐洲的趣味》（*General European Interests*）和《俄國與東方問題》（*Russia and Question of Orient*），在歷史方面的專論有《馬札兒人的道路》（*Route Followed by Magyars*）。另外，他還編過字典和寫一般性的論文。

二

在其名著《俄羅斯與歐羅巴》中，他主要的課題，是要說明歐洲之所以憎恨俄國的原因。他主要的論點是：歐洲之所以憎恨俄國乃是由於文化歷史類型（Culture-historical type）的不同。丹氏所言的「文化歷史類型」大致與斯賓格勒的「高級文化」（high cultures），湯恩比的「文明」（civilization）和「史學的明智場」（intelligible fields of history study），克魯伯的「高級價值文化模式」（high-value culture patterns），樂瑟譜的「文化體系」（cultural systems），貝地也夫（Berdyaev）的「大文化」（great cultures）和素羅金所稱的「浩大的文化體系和上層體系」（Vast cultural systems and super-systems），是指涉相同對象的。

由於「文化歷史類型」的不同，丹氏指出：「歐洲沒有考慮把俄國當成她自己的部份。歐洲通常把俄國和斯拉夫看成一個自己的外國，並且同時還不能像開發中國、印度、非洲和大部份的美洲一樣，開發少許使歐洲可以合於和塑成其自己想像和模式的俄國物質，以利歐洲之用。……以歐洲看來，俄國和斯拉夫，不僅是一個國外的力量，而且是一個敵對的力量。」丹氏認爲這種看法是不對的，因爲俄國從來沒有威脅過歐洲（指當時而言）。並且俄國的興起是很和平的，從沒有像大部份歐洲國家興起時一樣大拓疆土。相反地，在歷史上只有俄國受到歐洲的入侵過。

他還指出，歐洲文明或日耳曼羅馬文明並不是普遍的人類文明，而只是文明的一種而已。俄國有其自己的「文化歷史類型」的文明，她沒有理由而且也不能被歐化的（Europeanized）。何況俄國根本「不屬於歐洲或日耳曼羅馬文明」。

丹氏認爲歐洲之所以仇恨俄國是沒有理性根據的。他說：「這眞正的原因是深植的。它基於一些很深的種族同感和反感。這乃是一種人們的歷史本能（historical instinct），導致他們向一個目標而不能了解它們。主要的是因爲歷史的程序不是根據自我決斷的計畫而發展的，它們僅被其次級模式（secondary patterns）所決定，以及根據於潛意識的歷史本能。」因此，歐洲之敵視俄國乃是一種歷史的本能，也就是說這是一種歷史文化的自然現象。所以，他認爲俄國文明的發展必然會與歐洲發生衝突，並預言斯拉夫的聯盟必與歐洲聯盟發生對抗的情事。今天世界兩大壁壘的對立——民主集團與共產集團——正被丹氏在百年前不幸而言中了。

據丹氏的觀察，歐洲文明已是一朵盛開過的花朵，且漸漸凋謝。這種歐洲文明的凋謝，表現於形式的有：㈠歐洲人創造力的衰退。㈡歐洲犬儒主義（自私主義）的增進。㈢基督教教化的減退（de-Christainization）。㈣尤其是歐洲的權力慾和對世界的領導慾無法滿足。這種不滿足不僅表現在政治經濟上，並且在文化的層面上。而愈是歐洲創造力的衰退，愈使其對世界領導的慾望永無止境。並且由任何一個單一的文明來領導人類，這是一件很危險的事。反觀俄國卻是一個新興文明的出現。它爲了要對抗歐洲文明的威脅，必然會聯合斯拉夫民族與歐洲聯盟抗衡，以保證文明優勢的均衡。

再說，歐洲或日耳曼羅馬文明，其主要的文明的創造見於政治和科學技術美術的領域，而俄國斯拉夫文明在宗教、政治、經濟和科學技術的四個領域內均有創獲。所以，當歐洲文明沒落之秋，俄國斯拉夫文明將順理成章的繼承其世界文明的主導地位。由是，歐洲不但憎恨俄國，且對其與起深感恐懼，所以，俄國斯拉夫聯盟與歐洲聯盟之間的戰爭是不可避免的。

以上所述便是丹氏斯拉夫主義的大要。丹氏的理論成了斯拉夫民族向外擴拓的張本。今日，共產黨赤化了俄國和斯拉夫民族，但是一些口裏喊著「工人無祖國」的蘇聯共黨領袖們，在他們的心底卻是實實在在的丹氏所鼓吹的斯拉夫主義。

三

丹氏寫作《俄羅斯與歐羅巴》的最初動機只是政治宣傳的目的。但繼其「歐洲文明沒落說」的有：斯賓格勒、湯恩比、素羅金等二十世紀最傑出的文化思想家。時至今日，西方文化的危機更是為一般知識份子所普遍意識了。

另外，丹氏為了要支持其斯拉夫主義的說法，而建立了有關文化的理論和法則，更成了二十世紀文化哲學、文化社會學、文化型態學、文化人類學的大家們，如斯賓格勒、湯恩比、素羅金、樂瑟譜、克魯伯之輩的先導。另外還有一些二十世紀的文化社會的學者，如歐菲得・韋伯（Alfred Weber），路易士・韋伯（Louis Weber），馬克埃威爾（R. MacIver），他們雖然不曾受到丹氏的影響，但他們的理論卻與丹氏不謀而合。所以，黃文山先生將丹氏譽之為「開拓萬古之心胸，推倒一世之豪傑」。丹氏早在百年前已預言了今天世界的局勢，並接觸到現代文化思想家和學者的問題，至少他可以算是一個能透視時代的人物。

丹氏首先提出「文化歷史類型」的觀念。並且「在人類歷史上，只有文化歷史類型的人們才是積極的經紀人（Positive agents）。這民族在其自己的道路上發展，其創造的潛能遺傳乃在於其精神本性（Spiritual nature）的特殊事項中，就像他們環境的特殊條件一樣，並且這些豐富了人類共同的資源。」他再把這種由「文化歷史類型」創造的文明分成二種：一種是獨存的文明（solitary civilization），一種是承繼的或可傳播的文明（successive or transmittable civilization）。前者是特殊獨立模式發展出來的文明；後者卻是由另一文明承繼或傳播而來的文明，如埃及、亞述、巴比倫、腓尼基、希臘、羅馬、希伯來，和日耳曼、羅馬或歐洲文明，這些都是可傳播的文明之例。而一個文明發展到某一個階段，總會與其他文明相遇。因此，「獨存」的觀念是相對的而不是絕對的，絕對獨存的文明，丹氏並沒有舉出實例來。

作爲文明活動的民族可分爲三種主要的類型：㈠積極的文化歷史類型的民族——這也就是承繼的和獨存的文明。這些民族可以創造出輝煌燦爛的文明。㈡消極可摧毀歷史文化類型的民族——這種民族自己創造不出偉大的文明來，但他們卻可以使一些將要死亡的文明，像秋風掃落葉般的促其覆亡，也就是像蒙古人之對羅馬帝國一樣。㈢另外一種，既不是積極的，也不是消極的。他們既不能創造一個文明，也不能摧毀一個文明。他們的創造力在早期就因某種原因而停頓了。他們所提供的只是一種民族誌的材料（ethnographic material）。大多數非「歷史性」的民族和部落都屬於這一類的民族。

丹氏再把上列三種民族的歷史類型列了出來：

㈠積極的（創造的）文明或歷史文化類型——⑴埃及⑵亞述、巴比倫、腓尼基、克爾登或古閃米⑶中國⑷印度⑸亞利安⑹希臘⑺希伯來⑻羅馬⑼日耳曼羅馬或歐洲⑽新閃米或阿拉伯。另外在早期夭折的有墨西哥和秘魯。

㈡消極的（摧毀的）民族——蒙古、匈奴、土耳其等。

㈢民族誌的材料——大部份的部族並沒有達到成為歷史性的文明。他們只能把其材料和成就提供給其他有創造性的民族而已。這些民族是「前文字的」和「非歷史的」。

以上所舉的有創造性的民族之文明分成三種：㈠初級的或土生的文明——他們能在初級的形式裏成就宗教的，文化的，政治的，經濟的價值。這些文明是埃及、中國、巴比倫、印度、亞利安。㈡能發展一個主要價值的文明——像是希臘的美術，希伯來的宗教，羅馬的政治。㈢能發展二個以上主要價值的文明——如歐洲文明發展的政治和文化的（科學技術美術的）價值。將要發展或發展中的斯拉夫文明將是更複雜，可能有四種價值，但主要是偏向社會經濟方面。

對於文化的傳播，丹氏也有其說法。他把文化傳播的方法分成三個主要的類型。㈠殖民地法（colonization）：如腓尼基把文明傳給迦太基，希臘文明傳給南義大利和西西里，以及英國把文明傳給美洲及澳洲。㈡接枝法（grafting）：這種文明傳播就如植物中的接枝。如亞歷山大城就是把希臘文明的枝接在埃及文明的樹上。㈢受精法（fertilization）或採借法（borrowing）：

一個原創性的文化以別的文明的材料來豐富自己，並建構其自己的模式或類型。他們向已有的文明採借其已有的成就，特別是科學和技術，現在全世界的各種文明都要以科學和技術來豐富他們的文明。而另外一些宗教、哲學、美學、社會和倫理的價值則比較困難。

四

丹氏除了以上的文化理論和概念外，他還創設了五個文化的法則。我們有一點要說明的是，丹氏他受當時生物進化論的影響甚大，他自己還有二本論達爾文主義的著作。所以，他對文化的觀點，亦是把文化當成一個有機體看待。後來的斯賓格勒亦持此看法。

法則一：每一種民族或一系部族，為一種語言或一羣語言所認同，雖未經很深的語言學的探究，但其類同之處是可以直接觀察出來的。如果其在心態上、精神上有歷史發展的可能性，和已經脫離孩提時代，則可構設一個原創造的文化歷史類型。

法則二：一個民族的潛在能力如能實際的產生和發展，則在政治上，其民族必須享有政治的獨立。

他指出十種原創造的文明，均有其自己的語言或屬同一的語系。如中國和埃及有其自己的語言，克爾登、希伯來、阿拉伯是屬於閃米語系的。印度（梵文）、伊朗、希臘、羅馬、條頓是屬於亞利安語系的。亞利安還有二個主要的支系是斯拉夫和卡爾特（Celts）。前者正在發展第十一種文明，而後者因早期被羅馬征服而沒有發展出文明來。

對於第二條法則，他說：「若無政治的獨立，沒有一個文明能構設和發展的。雖然它達到成熟時才失去政治獨立之後，其文明仍能有限度的生存。」政治獨立的喪失，致使一個民族僅成為工具性的為另一個民族服務，因此，其自身的文明便被阻障而無由發展。卽使如亞歷山大城的文明，創造其文明的哲學家、藝術家等都是希臘人，而非埃及人。由此來看，一個被征服的民族或殖民地，都不能發展輝煌的文明，或其自身的文化歷史類型。

法則三：一個文化歷史類型之基本原則，是不能傳遞給另一個文化歷史類型的民族的。每一種類型，或多或少的在受到國外先進的或同時並存的文明影響之下，創造其自己的文明。

十大文明中的每一種文明，都不能完全傳播給非共同起源的和共同語言的民族。丹氏所言「完全的傳播」是指一民族能吸收另一民族的全部的文化元素，如宗教、政治、社會、美藝、科學、倫理風俗和規範，並且能使傳播來的文明繼續發展下去。

從歷史上，我們可以看到，印度、埃及只能把其文明傳播給其自己範圍內的民族，而無法傳播給不同語言的民族。古閃米文明也不曾傳播給非洲土人。中國文明也只能傳播給日本。（按：韓國越南在歷史上曾為中國的領土。）我們再看，英國想把文明傳播給印度，但現在印度還是印度文明（指其基本原則）的類型，並不是英國文明的類型。若一個文明在有力的支持下，硬要把其文明的基本原則傳播給另一文明，則不但不能改變這文明的基本原則，反而只是壓迫其原有類型的文明無以發展。

再說到一個創造性的文明發展要受到同時和先前文明的影響；如希臘文明影響了羅馬文明，但羅馬文化的基本原則和希臘文明仍是二個不同的類型。再如印度文明影響中國文明，佛教到中國來已成了中國的佛教，其文明的基本原則並不能完全由印度傳播到中國來。

以丹氏的這第三法則而言，只能應用到文明的整體，而不能用之於各殊的文明元素。素羅金認爲丹氏的說法是明顯的違背了時下的濡化（acculturation）和模仿（imitation）的理論。

法則四：一個文化歷史類型的文明要達到全盛、多彩和豐富的地步，只有當其「民族誌材料」有多面的變化和其能享有政治獨立之時。

法則五：文化歷史類型發展的過程，就像四季生長的植物之生命過程一樣，其生長的時期是不停的持續著的。但其開花和結果的時期也是相對的短暫和匆促的，並且這種時期是一去不再的。

在法則四中，丹氏側重於民族誌材料的多面性和豐富性，以及獨立的政治單位。這種多面性、豐富性和政治獨立，對一些語言相通的民族而言，是他們之所以能發展眞正偉大的歷史的文明之必要條件。缺少了這其中任何一個重要的因素，就是有些文化歷史類型之所以不能發展出文明來的主要因素。丹氏認爲世界上最豐富、最洋溢的文明莫若希臘和羅馬文明，而其民族誌的材料乃是多面性的，其政治上又有獨立自重的一些單位或國家。

丹氏第五個法則，是其文明三階段論的另一說法。文明的階段乃是文化歷史類型發展的最後一個時期。這個時期相對於整個發展的過程而言，它是短暫的開花結果時期。但是在這時期內，乃能將其以往的積存和創造的潛能發揮得淋漓盡致，而實際的去達成其對正義、自由以及社會和個人的理想。這文化歷史類型的民族達到這個時期以後，其創造力便告罄而開始衰退，於是便進入了老年的狀況。如進入老年期的中國文明，便把過去的傳統當成永恒的理想，而沾沾自得。若不然就是陷入一種空茫衝突的內部矛盾。另外，如希臘、羅馬、埃及、印度，這些曾經一度創造過人類輝煌文明的民族，他們均已衰退了，不再能創造了。甚至有些已經完全消逝了，只留下一些歷史的古跡任人憑弔。

文化歷史類型的文明時期，平均只有四百年至六百年，而其民族誌材料發展的時間經常是需要數千年之久的。文明時期過後的民族，他們所呈現的只是一種民族誌的材料而已。文明的沒落是免不了的，因為每種文化歷史類型只能發展一種或少數的創造的價值，當這些價值達到完滿的地步，則此文明也接著就要日落西山了。在其文明時期所呈現的光彩只是一片無限好的夕陽。

五

對於丹氏的學說，素羅金作了以下四點簡述：

㈠一個民族，或一羣語言相通的民族，他們創造出來的文明是同一類型的。文明的創造就是靠這些民族來完成的。根據以上這個觀點來看，每一個創造的民族，有其固定模式的科學、哲學、藝術以及創造的主要形式。

㈡由丹氏可以導出知識社會學和民族比較心理學的輪廓。不僅是宗敎、哲學、藝術和社會等人文科目印有各民族特性的標誌，甚至科學與技術也不例外。由此而論科學的民族性有三點：⑴每一個民族呈現對某一種科學支派的傾向。⑵每一個民族對於實在科學所採的觀點。⑶主觀特質的種類與客觀眞理的混合。

而在人文價値科目上，表現的更爲明顯，如中國、印度及希臘的哲學、宗敎、藝術就有許多明顯類型的差異。

㈢在先導和阻滯上，丹氏提出了幾點齊一性：⑴文明沒落的時期，往往在其可察覺時已經開始了。或者說沒落因素的主要條件發生阻滯的時候，乃是從這些因素開始作用的時候起。也就是說一個文明在鼎盛之期，已經伏下了沒落的危機。⑵一個民族政治的統一和獨立是偉大文明的動因，並在其文化歷史類型的文化開花或文明時期之前完成的。⑶在同一文明之中，藝術的發展是先於科學的。

㈣丹氏原始的課題是要解答歐洲憎恨俄羅斯的原因。他的回答是由於文化歷史類型的不同。並且將要有一個先前未有過的斯拉夫文明產生，甚至取代歐洲文明對世界的領導地位。

丹氏的文化思想，對後世的影響之大，我們已經陳述過。茲就其理論提出幾點批判。

㈠丹氏的斯拉夫主義，顯然是受當時民族主義的影響，也是民族主義的一種。只是丹氏把政治層面的民族主義提昇到文化層面尋找其理論的基礎。

既然相同語系的各民族，或在同一語言中有不同獨立的政治單位（如希臘和羅馬）的民族，均有其共同的文化歷史類型。以今日的交通和傳播系統而言，雖然世界各地存有許多獨立的政治單位和語言，又何嘗不能有一個共同的「文化歷史類型」？若說俄國文明與歐洲文明的文化歷史類型不同，那麼法國與英國的「文化歷史類型」又何嘗是一一對應的相合？馬其頓與雅典又何嘗相同？這只是在一個大文化體系中的次文化（sub-culture）的不同而已。若把世界文化看成一個大文化系統，則俄國文明與歐洲文明也都是此大文化體系中的次文化。由這個觀點來看，不論歐洲是否眞的憎恨俄羅斯，然丹氏的理論是脆弱的。

㈡丹氏認為俄國文明的興起是和平的，不是有任何威脅的，更不會像歐洲許多國家一樣，在其興起之際大事開疆拓土的侵略其他國家。但因歐洲憎恨俄國，不能讓俄國興起。所以，俄國需要聯合斯拉夫民族以對抗歐洲聯盟。其戰爭是不可避免的，但是其咎乃在於歐洲憎恨俄國之故。在丹氏那個時候，俄國相對歐洲而言，顯然還只是一個弱國而已，當然還談不上什麼對歐洲的侵略。但是對東方的中國而言，俄國卻是一直具侵略性的。對我國疆土的鯨吞蠶食，豈能證明斯拉夫民族是一和平的民族？俄國文明的興起又豈僅是欲與歐洲文明平分世界文明的秋色而已。

㈢「文化歷史類型」乃是一個不能運作的概念。科學與技術可以為所有的文明所普遍接受，因爲它是價値中立的。但是科學技術在被一個文化所運用時，至少此民族對此科學與技術的角色是有評價的，所以科學與技術並不是如丹氏所想像的是中立而無價値的。再說丹氏謂「文化歷史類型」是不能傳播的，這點也大有問題，我們又如何說一個文明在接受另一個文明的傳播，達到何種程度而言其「文化歷史類型」未改變。一個文明不能被另一個文明所取代，到目前我們可以找到許多實證，但沒有一個文明在與其他文明發生「濡化」時而不改變或受影響的。因此，丹氏的這種說法，並沒有現在所言的「向心傳播」(centripetal diffusion) 和離心傳播 (centrifugal diffusion) 的理論來得妥貼。

㈣丹氏的單面或數面文明發展的理論是需要修正的，因爲一個文化的發展是整體的，而不僅是幾面的發展而已。

㈤丹氏依各文明所創造的價値，將文明分爲三類，即「初級文明」，「單價値文明」，「多價値文明」。而其「初級文明」是無分類必要的，這乃是一種西方文化中心主義的價値判斷。他所指陳的「初級文明」多爲非西方傳統的文明，如埃及、中國、巴比倫、印度、亞利安。而我們又如何分別印度孔雀王朝的文明、中國漢武、唐明的文明與希臘羅馬的文明孰爲「初級文明」，孰非「初級文明」？

㈥他把文化當成有機體看待，認爲有茁壯，開花結果，和衰退凋謝的階段，這種類比是有問題的。這可能是受當時生物學的影響。文化和文明並非什麼有機體，文化乃是一自體存在的實體，與有機體根本不是一個範疇之物。

雖然，丹氏的斯拉夫主義是背理的，其理論也多粗糙，但是他提供了對文明（文化）本身做了解的這個方向，並且去嘗試尋找文化發展的法則。他最可貴的貢獻厥爲交給我們這把打開文明（文化）大門的鑰匙，使後人有一窺廟堂之美的途徑。他這種對文明研討的方向和理論，素羅金有別於其他社會學，而稱之爲巨視社會學（macro-sociology）。

原載《大學論壇》第二七期，一九六九年五月四日

十、素羅金和他的學說

一、漫長的旅程

素羅金（Pitirim A. Sorokin, 1889-1968）無疑是當代最偉大的社會學家之一，他和哲學家羅素、物理學家愛因斯坦、歷史學家湯恩比一樣，不僅是其專業中的權威，並且是智慧的思想家，和代表人類「社會良心」的偉大知識份子。

素氏著作之豐，以及其涉獵之廣，在當代社會學者中，可謂歎爲觀止。但他也是一位最引起議論的學者，尤其在美國社會學界，受著歧視和排擠的待遇。這種種的遭遇在其自傳《漫長的旅程》（*A Long Journey*, 1963），有詳明的敍述。

作爲一個社會文化的思想者而言，只有「偉大心靈」的人，才能了解各種偉大文化的偉大性，而不受其自己文化的價值所蒙蔽。他對中國文化具有深刻的了解和同情，更對中國文化的將來有殷切的期望。他認為中國文化現正處在「分娩前的疼苦」中，一旦這種痛苦結束，也就是中國文化復興和再生之日❶。

相對於羅素童年的貴族生活而言，素羅金是一個相反的對照。他出生於俄羅斯東北一個窮困的鄉村中，是一個農人的兒子。畢業於聖彼得堡大學，因從事政治活動，在沙皇時代被捕三次。一九一七年革命期間，曾任俄羅斯革命後臨時政府首長克倫斯基（Alexander Kerensky）的秘書。後因反革命被判死刑，又改為放逐而後驅逐出境。一九二四年任明尼蘇達大學教授，一九三〇年創辦哈佛大學社會系；並兼任系主任。一九四一年完成其鉅著《社會與文化動力學》（*Social and Cultural Dynamics*）。

素氏早年的生活，對其以後的人格、思想、人生觀都有很大的影響。他生長在大河湖畔，陶冶於沈靜的莽原，感染著那種大自然的神秘。從他以後的著作裏，我們可以發現，他對現代工業文明之反感，由此而生，也深深地感受到現代工業文明的危機。有些美國社會學學者，認為他含有神秘主義思想的色彩，而否認他的思想和學說的價值。素羅金的這種「神秘主義」思想，當然不

---

❶ 這是他給其所著 *Sociological Theories of Today* 一書，中文譯本的底言所提到的，譯者為黃文山先生，這篇序文曾作為黃先生在臺大所授「現代社會學學說」之課的講義。中譯本將由商務印書館出版。

是那些出生於美國文明中的人所能體會的。這只好用素氏的術語來說，這乃是由於「心態」不同所致，或者是由於所處的「文化上層系統」(cultural super-system) 不同吧？

素羅金是怎樣的一個人？我們可以用龍冠海先生的話爲之說明：「他（素羅金）天賦有優越的智慧，受過美麗自然環境的薰陶，在惡劣的政治社會環境中掙扎奮鬥，養成不屈不撓的精神，既博學多聞，又具有追求眞善美的精神和信心——這些可以說就是他的人格特徵。」❷

素氏逃亡到美國，曾對共產主義做過許多嚴厲的批評和指責，但他對於受苦受難的俄國人民，仍深抱同情和信心。在被迫的情形下，遠離自己血肉相連的祖國，而又在異地受盡排擠和歧視，終至病死客鄉，這不禁使我們憶起一位以色列總理班固利安 (David Ben Gurion) 的一句話：「一個猶太人，只有在他自己的祖國——以色列，才能獲得眞正完全的快樂。」

二、社會與文化

素羅金認爲憑空去臆測社會是什麼，這是一個沒有意義的問題。而他卻爲社會學研究的題材定下了一個範圍。他認爲社會學所研究的，第一是關於各類現象間的「關係」(relationship)

❷《社會會刊》第二期，民國五十四年十一月一日，國立臺灣大學法學院社會學系編印。

和「相互關係」(correlations)。第二是關於社會的和非社會的現象和相互關係。第三是關於社會現象的一切類別共有的通性之研究❸。

另外，他採用了他老師彼得拉斯基(Petrajitzsky)的說法，我們要研究n類現象時，在邏輯上我們就必須要有n＋1類的科學。也就是說n類的現象要用n類各殊的科學去研究，而要有第n＋1類的科學去研究n類現象的共同性❹。這也就是一般在社會學存在的邏輯理由。

對於社會文化的實體而言，他認為有意義的、規範的、價值承負的乃是社會文化之超有機體的特徵，這與有機的和無機的領域是不同的。這乃是說文化是一種意義價值規範(meanings-values-norms)的超有機體。從這個角度去了解，我們可以把社會文化的現象，分成三個不同的層次❺。一種是純粹意識、意理的層次(a purely meaningful-ideological level)，這乃是存在於心靈裏的。例如宗教的教義、教條和訓示。一種是行為層次(a behavioral level)，表現在個體間的顯性意義之互動中❻。如一些宗教儀式和教義所規定之行為。一種是物質層次(a

---

❸ P. Sorokin 著，黃文山譯：《當代社會學學說》，頁二三〇，民國五十四年五月臺一版，臺灣商務印書館。
❹ 同❸，頁二三一—頁二三二。
❺ P. Sorokin: *Sociological Theories of Today*, Harper and Row, N.Y., 1966 p. 635-636 及 P. Sorokin: *Modern Historical and Social Philosophies*, New York, 1963, p. 191-192.
❻ 一般社會人類行為，科學家將其分為顯性模式(overt pattern)和隱性模式(covert pattern)二種。

material level），這乃是一些具體化出來的文化物件。例如教堂、廟宇和祭器、祭品等。除了以上三個層次外，我們換個角度來看，所有的社會文化現象都具備三個面相（aspects），即文化的、社會的和個人的。

在這裏我們還要提一下，素羅金對文化的定義，在社會與文化動力學裏，他認爲文化是「由二人或二個以上的人之有意識或無意識行爲，所創造或改造的一切事物之總和，那二人或二個以上的人交互影響，或互相促成行爲。」❼另外他又曾把文化的意義歸入到「社會互動」中。

他認爲各種文化元素的相互關係，可列入以下的四個基本型態中。❽

一、空間和時間的鄰接（堆積）　這類的堆積是無系統可言的，只是把一些文化元素在同一的時間湊合在同樣的空間而已。如一張紙、一個破瓶子、破衣服，一起擺在一個房間裏，而這些文化元素之間並沒有什麼特定的關係。

二、普通外界因素的間接組合　這類的組合乃是由二個以上的文化元素聚合在一起，它們雖有空間的接近而沒有功能或邏輯的關聯，其聚合乃是由於一些外在因素而有的。如俄國北部的冬

---

❼ P. Sorokin: *Social and Cultural Dynamics* (abridged by the author), Boston 1957, p. 2, "…the sum total of everything which is created or modified by the conscious or unconscious activity of two or more individuals interacting with one another or conditioning one another's behavior."

❽ 同❼ pp. 4–9.

天，有伏而加酒、雪橇、大火爐出現在一起。

這些文化元素聚合在一起，乃是爲了要應付當地的寒冬。

三、因果或功能的整合　一些文化元素的結合乃是爲了要達到某個因果的或功能的目的。當它們聚合爲一體時，其中每個重要的部分都要相互依靠，而使得這種結合變成爲有功能的。抽掉一部分，卽將影響全局。

四、文化的邏輯意義之整合　這乃是各文化元素在一種超級的形式（supreme form）裏達到一種整合的狀況。在這種整合下，各文化元素呈現一種「一致的風格」（consistent style）和一致而和諧的整體（consistent and harmonious whole），這種「整體」也就涉及到素羅金所說的「上層系統」。

狄馬舍夫（N. S. Timasheff）指出素羅金把文化系統分成三類⑨：㈠純文化系統（pure culture system）：這乃是一種意義的和觀念的系統，無論如何，它都是獨立存在的。例如：2×2＝4，這個系統是獨立的，不管人們是否贊同。㈡可以具體化的文化系統（culture system may be "objectified"），使事務具體化而能爲人們所認識。㈢可以社會化的文化系統（culture system may be socialized），進而在社會互動中運作的。

---

⑨ N.S. Timasheff: *Sociological Theory: Its Nature and Growth*, 1955, p. 224.

素羅金認為這些系統的研究方法有五點[10]：

一、系統的研究必須是整體的。

二、系統的研究不是從部分到整體，或從部分到另一部分，而是從整體到部分。

三、整體系統的重要結構有三方面：1.系統本身的「內在潛能」（"immanent" potentialities）和自我導向的生命功能。2.系統與次系統（subsystem）之間的關係。3.整個社會文化環境的系統。

四、體系結構的動力特質，是不能僅以環境因素來說明的。也不能僅用「刺激—反應」或「挑戰—回應」的公式來說明的。

五、要把統計學應用到社會文化系統的研究，需要有很大的限制。

三、文化的上層系統

素羅金所說的文化上層系統，大致與丹尼勒威斯基（N. Danilevsky）的「文化歷史類型」（culture historical types），克魯伯（A. L. Kroeber）的「高價值文化模式」（highvalue

[10] P. Sorokin: *Sociological Theories of Today*, pp. 642-643.

culture patterns），湯恩比的「文明」（civilization）所指爲同一物象⑪。

他把世界各種文化的上層系統分成三個主要的類型：卽觀念文化（ideational culture）、實感文化（sensate culture）和理想文化（idealistic culture）。而再以此來分析藝術、知識和倫理價值。

在《社會與文化動力學》一書中，他把藝術分成三種風格⑫：

一、觀念的風格　其體材是超經驗的和非物質的，經常應用宗教的和神秘主義的主題，其表現的形式是純象徵的。

二、視覺（實感）的風格　其主題是經驗的和物質的，著重實感印象的描寫。

三、混合的風格　乃是混合以上二者之主要風格而成的。又可分爲⑴理想的風格：乃是混合觀念的和視覺（實感）的二種風格，形成的一種均衡，而其元素的結合有如有機體般的風格。⑵立體主義的混合風格：其表現乃是立體主義、未來主義、意象主義、表現主義，也就是現在藝術中的「現代主義」。⑶其他的混合風格，不屬於前二者混合風格的藝術，都歸入這一類型中。

另外他在《現代歷史社會哲學》（*Modern Historical and Social Philosophies*）一書中，又把藝術分成四種類型，乃是⑴實感藝術、⑵觀念藝術、⑶理想藝術、⑷非整合的折衷藝術

---

⑪ 同⑩ p. 177.

⑫ 同⑦ pp. 82-100.

(unintegrated eclectic art)，這種藝術在其主題、風格、物象上，都表現一種不統一的現象[13]。

素羅金以藝術風格的表徵來透視歷史文化的心態發展，因此，巴涅特（J. H. Barnett）認爲素羅金對藝術的研究，有太濃厚的歷史哲學家的味道，而忽略了藝術在因果功能情況中與社會秩序的關係[14]。

以對眞理而言，觀念文化著重信仰的眞理，理想文化著重理性的眞理，實感文化著重感覺的眞理。素羅金亦把這些不同文化系統中的「眞理」之特徵標示出來[15]：

一、觀念系統　其主要相信的是超感覺的和超理性的「眞理」和實體，如「上帝」「天使」「不朽」「靈魂」等。而偶然感覺和經驗現象世界的研究，也只認爲這是超感覺實體顯露出來的符號。其對此眞理的鑑定涉及到一種神聖的淵源（sacred source），和根據宗教的經文。另外還根據純邏輯推理，而官能感覺只是附屬的而已。

二、理想系統　它相信部份的超感覺，和部分的感覺經驗。但是認爲感覺現象的知識價值，仍是超感覺「實體」的附屬品。其鑑定「眞理」的方法，是介於觀念的和實感的之間。大部分根

---

[13] P. Sorokin: *Modern Historical and Social Philosophies*, p. 46.

[14] *Sociology Today* (Edited by R. K. Merton, L.S. Cottrell, Jr.), 1961, p. 204.

[15] 同[7] pp. 228-229.

據邏輯推理，但也涉及感官的感覺。

三、實感系統　其主要相信的是感官感覺的「眞理」，就如現代自然科學對現象的研究。其「眞理」大致傾向於「客觀主義」、「行爲主義」、「量子論」和「機械論」。其鑑定「眞理」的方法，主要依靠感官感覺，當然，包括一些延長感官功能工具的應用。另外，還依據邏輯推理和數學推論。但卽使是一個極合理的理論（well reasoned theory），他們也只把它當作一個純粹的假設而已。

素羅金此處所言之觀念系統的眞理，理想系統的眞理和實感系統的眞理，與孔德所言的人類知識進化的三階段說——神學、玄學、科學——實有許多相類之處。只是素羅金認爲現代西方文化已進入了實感文化的盛期，產生了許多難以解決的文化社會危機，因而呼籲西方文化當再回到觀念文化中，重新獲取文化創造的活力。這種說法顯然與孔德大相逕庭，和現代人對科學眞理之信仰也有根本上的不同。

由於上層系統不同，其倫理的體系亦有所差異。觀念的倫理是絕對原則的系統，實感的倫理是快樂的倫理，而理想的倫理乃是介於以上二者之間的混合體。在觀念文化中，人們崇尚信仰和超感覺的絕對價值，而不把感官的快樂、舒適當作他們倫理的目的。在實感文化中，其倫理的最高目的乃是要創造人們感官的快樂和舒適。這種倫理是相對主義的。因爲感官快樂的條件會改變，因而其倫理規範也得隨著改變。他們的規範都是自己造出來的，而不是由超人的權威來制定他們的規範。在理想文化中，其主要的倫理原則是絕對的，是超感覺的權威所制定的，但次要的原則是相對的，是人們自己制定的⑯。

雖然素羅金把文化的上層系統分成以上三種型態，但不表示所有的文化，都一定具備其中之一，因爲有些文化並沒有達到整合的系統之程度。借用丹尼勒威斯基的話來說，有些文化只是「民族誌的材料」（ethnographic material）。狄馬舍夫還指出，除了以上三種上層系統外，素羅金認爲還有一種「混合」的系統，乃是由實感的和觀念的眞理系統，僅在表面上相互排列和並行的⑰。

四、社會流動與文化變遷

自從共產革命以來，喊出了「無階級社會」（classless society）的口號，曾經鼓動過不少善良者的熱情。但從一個社會學家的眼光看來，素羅金斷然的說：「每一份子完全平等的無階層的社會，是一個神話，它從沒有眞正在人類歷史上實現過」⑱。但這並不表示素羅金贊成階級壓迫

⑯ 同⑦ pp. 415-416.

⑰ 同⑨ p. 235.

⑱ S. Koenig: *Sociology, An Introduction to the Science of Society*, p. 213, New York, 1961.

的存在，相反地，他呼籲人類發揮潛在的愛能（love energy）來解除人們的苦難。進而他在理論上反對征服和衝突是社會階級的起源說，他指出階級的發生同樣的存在於和平的社會，也存在於黷武的社會。所謂「科學的」馬克斯的階級起源說是靠不住的。

素羅金把階級分爲三大類：經濟階級、政治階級、職業階級。他認爲這三類階級通常都有其相關性。居某一階級要津者，也經常是其他階級的高階層者。反之亦然。當然，少數的例外也是有的。

除了「喀斯特」（caste）之外，任何社會的階級並不是一成不變的。因而產生了一種稱之社會流動（social mobility）的現象。我們要求一個理想的社會當是人人都能各盡所能，各取所需，使才能與地位相配合。但實際上並不如此，卽使在階級開放的流動社會裏，素羅金認爲還是有一些「無能的騙子，不負責任的投機者和自私的煽動家高踞要津。」反而在有些流動停滯的社會裏，其工作與地位的分配倒是相當合理，並不一定是壞的。雖然如此，素羅金還是認爲流動的社會總是比較好些。

關於社會流動，素羅金提出了「流動通道」（channel of mobility）的觀念。社會流動雖然有二種型態，一種是横面流動（horizontal mobility），如由一行業轉爲另一行業的流動，其中並沒有明顯的升降關係。一種是縱面流動（vertical mobility），如由一科員升爲科長。但是每一個人都有其現有的社會關係，及社會環境。這些都是與其流動密切相關的。因此，每個人的流動，在其社會中都有脈絡可尋的「通道」。如在傳統的中國社會裏，地主階層經考試而從政，在政治上受挫折後，又可以歸隱回鄉去收租生活。但是「三把刀」（剃頭的、殺猪的、剪布的）之流的人物，也許可以從小學徒流動爲大裁縫，但卻不可能有從政的機會。

對於文化社會的變遷，素羅金提出了其獨特的「社會文化變遷的內在理論」（immanent theory of socio-cultural change）。他認爲「外在變遷理論」，乃是在社會文化體系之外，去尋求一些變遷的理由，如原因、因素、壓力等。這種說法乍看起來言之成理，但我們仔細分析起來就不然了。因爲我們若找到a來說明這變遷，則我們必須再找到b來說明a，用c來說明b……如此，則我們若想以外在因素來解釋社會文化的變遷，均將流入不能解釋的結果。因此，素羅金認爲社會文化的變遷乃是一種自我決定的，但他並沒有否定一切外在環境因素的影響，只是說這些影響並沒有決定的重要性。他認爲任何社會文化乃是一個動態的過程，其自身內部有變遷的「種子」（seeds）。並且任何社會文化系統，都是在其他社會文化系統中存在和發生功能的，而這系統間的互動可以促使變遷的程度。

素羅金列出了五項內在變遷的原則⑲：

一、內在條件發生的原則：任何社會文化系統均會不斷產生一些條件，但這些條件不是由系

⑲ 同⑦ pp. 630-646.

統的外在因素而產生的，而是因系統自身的系統存在和其實際性而產生的。這種內在條件發生的特殊形式，乃是由於其系統本身的存在和實際性而有的一種連續的變遷。

二、系統之命運性的自我決定原則：社會文化的變遷乃是由其系統潛存的方向所決定的。每種社會文化的生涯和命運都是被其系統的本身所決定，也就是說，被其自己的潛在性和性質的總體所決定。

三、決定論和非決定論綜合的內在自我決定論：內在變遷既不是被決定的，也不是非決定的；但也可以說被決定的，也是非決定的。因爲決定社會文化系統的是其系統的本身和其內在性質，而不被其他非本身的因素所決定，因此，這種被決定乃是內在的自我決定。但從另一個觀點來看，自我決定乃是一種自由的情況，除了被其本身決定外，是不能被決定的。素羅金這種自我決定論，其實是邏輯上的後設層次的說法。

四、對於不同社會文化系統的自我決定與依附之分殊級次的原則 (principle of differential degrees of self-determination and dependence for various socio-cultural systems)：誠如前文所述，沒有一個社會文化系統是可以單獨存在，而不與其他社會文化系統發生關係的。有發生關係，就不能不發生影響，如此「自我決定論」又如何自圓其說呢？素羅金認爲，一些外在的環境當然是不能自我決定的，但其發生的影響卻是由社會文化系統所自我決定的。如有A、B二個社會文化系統，遭遇a、b、c等外在環境的因素。影響後的結果有 Aabc 和 Babc，a、b、 c雖然不是由A、B所決定的，但是要有 Aabc 和 Babc 的結果，則必須經過A、B。在這個意義上，Aabc、Babc 是爲A、B所決定的。亦卽「外因」必須透過「內因」而作用的。舉一個實例來說：中國和日本幾乎在同時接受西方文化的，但是中國和日本現代化的結果卻不一樣，依素羅金的說法，其原因乃是中國和日本其社會文化的內在性質不同，因而決定了二個不同的現代化的結果。因此，一個社會文化系統，雖然是依附著許多不同的其他社會文化系統而存在，但其變遷仍是「自我決定」的。

五、在同樣種類的社會文化系統中，其他的條件都相等(包括環境在內)，較偉大的和較良好的是它們整合的局面。較偉大的是在自己命運的塑造中，有它們的自我決定性和超出環境的自決性。

一般學者都把素羅金歸入歷史學派的社會學家，因爲他的研究並不是把社會當成一種靜態的分析，而在基本上承認社會的過程是一種不斷的變遷。他認爲社會文化的變遷有孤立的和不循環的各種現象。但也有循環的和重覆的現象，這些便是社會學家所研究的對象。素羅金以爲社會文化變遷的一般趨勢，大體上是依直線上昇到一定的限度，而後由一個反方向的趨勢可代替。這反方向的趨勢發展到一定限度，又出現了一個反方向的趨勢。這二種相反趨勢的二極，以素羅金的話說，就是「觀念文化」和「實感文化」，而在兩者之間的就是「理想文化」[20]。

[20] 同[9] p. 271.

素羅金是一個建造大理論系統的社會學家之一，而欲把所有的社會文化現象，納入其邏輯的理論中加以解釋。所以克魯伯認爲「他的（素羅金）邏輯和系統化的傾向，在事實上，多過於大部份社會學家的發展」㉑。從這個觀點看，許多社會學家認爲素羅金的理論太哲學化了。

狄馬舍夫對素羅金的理論有三點批評㉒：

一、素羅金的理論對事實的解釋過於簡略，而應該增加一些資料來作爲補充和對照。

二、區分一些共同變遷的文化元素，和單獨變遷的文化元素之差異，乃是素羅金社會文化體系的標準。但素羅金在做分類的時候，至少產生了一部分循環論證。

三、對文化的眞理概念之選擇，而以實感的、觀念的和理想的等術語來作界定，認爲這是社會文化發展的基本決定因素。這種說法是很難令人信服的。

五、愛的哲學

由於人類知識的分化，和個人興趣的偏好，萊布尼茲式的「哲學英雄」已不復存在。再由於

㉑ A.L. Kroeber & Clyde Kluckhohn: *Culture, A Critical Review of Concepts and Definitions*, Cambge Mass., 1952, p. 97.

㉒ 同⑨ pp. 272-273.

現代社會文化的危機，已成了人類面臨最大的問題之一。爲了要對付這些文化社會問題，迫使我們不得不需要有一套建全的社會哲學。哲學家不能不具有豐富的知識，一個社會哲學家必需要有豐富的社會文化的知識，素羅金正是這麼一位人物。

馬克思終身困窘，而發展了其以階級論爲基礎的社會哲學——階級鬪爭論。素羅金亦是在貧窮、流亡和歧視中走完了他漫長的人生旅程，而發展了以愛爲基礎的社會哲學——「愛能」說。由此可見外在環境對人的影響不是那麼確定的，以素羅金的術語說，不僅是社會文化，即使是個人也是「內在自我決定」的。

一九四九年，素羅金得到黎立（Eli Lily）的捐贈之助，創立「創造性利他主義哈佛研究中心」（Havard Research Center in Creative Altruism），任該研究中心主任直至一九五九年止。

他認爲現在除了「愛的力量」（power of love）之外，沒有其他的力量可以消弭未來人類自殺性的戰爭和革命。他集合了一些志同道合的專家，共同從事「愛能」的研究。他們認爲「愛能」的發揮，可以在人類社會中，產生無可限量的力量。而在這種情況下，素羅金說：「很遺憾的，我們對於『愛能』的了解，要比對光、熱、電和其他物理能的形式要少得多。」㉓他還引用

㉓ P. Sorokin: *The Ways and Power of Love*, A Gateway Edition, Henry Regnery Company, Chicago, 1967, Preface.

馬士勞（A. H. Maslow）的一句話來說：「令人驚訝的是，一些經驗科學曾經對於愛的題材有貢獻的，竟這樣的少！」素羅金對「愛」的研究，是把「愛」分成五個層面㉔：

一、愛的宗教層面　在宗教層面上，愛是認同於神的，這是所有偉大宗教的最高價值。因神被當作一種絕對價值的信仰，而愛是參與在神的絕對價值之中。神是一種無限的多面性，愛也是質和量的無限。由此，它是不能用文字和概念來界定的，這些最多只能是愛的無限宇宙之象徵的指示物。狄立希（Paul Tillich）最能把這種愛的無限性表達得透徹，他說：「我不能給愛予定義。這是不可能的，因爲沒有更高的原則可以拿來被界定。它是生命，它本身在其實際的統一體中。在生命中克服其自我毀滅力的一些形式和結構，乃是以形式和結構來具體化自己的愛。」

二、愛的倫理層面　倫理的愛是被認同爲善的本身。愛是被看作爲善的基礎，是不能和眞及美分開的。這三者在神或絕對價值的層面中，是被統一的。眞正的善經常是眞和美的。純粹的眞也經常是善和美的，眞正的美也當是眞和善的。

三、愛的本體論層面　本體論的愛，乃是眞善美的一種統一的、整合的、合諧的和創造能（或力）的最高形式。愛在本體論裏扮演的角色乃是一種最高的創造力。使整個世界進展和生存下去的是愛，防止集團死亡和宇宙毀滅的也是愛。如果愛能眞的充滿，那麼罪惡痛苦和死亡都會相

㉔ 同㉓ Chapter One.

對減少。根據索洛威亞夫（Soloyyev）本體論的概念，愛是抵制罪惡瀰漫於自然世界的力量。愛可以使得和諧的整體來替代鬪爭。

四、愛的物理學層面 根據索洛威亞夫和一些其他學者的看法，愛在無機世界裏所呈現的物理力量，乃是使無機世界維持著一種統一和整合的統一性，從最小的原子統一體到整個物理世界的統合爲一體，成爲一個有秩序的宇宙。

五、愛的生物學層面 有一種少爲人所知的神秘的能，使得無機體成爲有機體的能，以前被稱之爲「生機能」（vital energy）。素羅金再把有機體能產生新有機體的能稱之爲「生物愛能」（biological love energy）。如果沒有這種「生物愛能」，則不可能有生命，不能有物種的生存和衍續，沒有生命的演化，沒有人類的出現和演化。

六、愛的心理學層面 心理學層面的愛，包括了一些情緒、同情、意志和知性等複雜的元素。這些元素所表現出來的，乃是同情、諒解、和善、虔敬、讚賞、慈善、崇敬、尊敬、欽佩和友誼等。這些愛的經驗乃是相反於仇恨、妒忌、敵意、厭惡等恨的樣態。換句話說，心理經驗的愛乃是「利他的」。這種「利他的」愛，對我們自己而言，可以消除我們的孤獨感。透過愛的眼光來看這個世界，這世界就都是可愛的，這就是美。素羅金還認爲心理經驗的愛是一種眞正最高的自由，愛是消除我們的恐懼之源。這種無懼和自由的愛就能產生偉大的力量。並且這種愛的經驗能使我們得到心靈最高的平和以及眞正的快樂。

七、愛的社會層面　愛在社會層面上，乃是二個或二個以上的人之間的有意義的互動，和人與人之間相親相愛及互助合作，像是「團結」「互助」「合作」「睦鄰」「四海一家」等我們所熟知的這些，都是愛的社會關係的樣態。

素羅金認爲，以上七種愛的層面，並不是相互斥拒的，而是得相輔相成的。

據黃文山先生的看法，他認爲素羅金對愛研究的要旨可歸納爲十三點㉕：

1. 可以阻止個人之間與集團之間的侵略和攻擊。
2. 可以把敵視關係轉變成親愛關係。
3. 「愛生愛，恨生恨」。
4. 「愛能」乃是生命產生的形式，爲體質的、心理的、道德的健康所必需。
5. 博愛的人比自私的人長壽。
6. 小孩如缺乏愛的撫養，在道德上、社會上均成爲殘廢者。
7. 「愛能」爲反犯罪、反疾病、反自殺、反恐懼、反憎恨與心理變態的良藥。
8. 「愛能」在認識上、美學上有重要功能。
9. 「愛能」爲人類啟蒙與道德提高之最有效的教育力量。

㉕ 黃文山：《文化學體系》，臺灣中華書局，民國五十七年十一月，頁八六六—頁八六七。

10. 「愛能」乃自由的靈魂，又是一切主要道德的、宗教的價值之靈魂。

11. 任何社會生存之維持，特別爲著和諧的社會秩序與創造的進步之達到，最低限度的愛能是絕對必要的。

12. 「愛能」可以綏靖國際戰爭。

13. 在人類歷史的興亡關頭之今日，「愛能」的遞升和「生產、積聚與暢通」，或人與集團，制度與文化之博愛化，乃是阻止新的世界大戰之必要條件，且可以解除人與人間的無限鬬爭。

素羅金認爲愛是一種潛存的「能」，如果不是這種愛的存在，人類可能早已毀滅在「存在的鬬爭」（struggle of existence），而今人類面臨核子毀滅的威脅，欲挽回人類浩刼，只有盼望「愛能」的高度發揮，因爲愛可以化暴戾爲慈祥。素羅金舉了許多實例來說明，茲引下列三例來說明這種「愛的力量」㉖。

㈠有一個持槍的強盜到一個太太的房間，這太太很和善而不驚慌的站在他面前，告訴他一些值錢的東西放在那裏。沒有想到這強盜居然低泣而空著手跑掉，第二天來了封信說：「我並不害怕憎恨，但妳卻表現著愛和仁慈。這愛和仁慈使我降服了。」

㈡姦淫燒殺的俄國軍隊進入柏林時，有位太太和她十六歲的女兒看到俄國兵衝進她們的房

㉖ 同㉓ pp. 48-50.

子。她卻毫不驚慌的坐在鋼琴前奏著安適的日耳曼民謠，這些兵士也聽著音樂，並且人越來越多。她們不但沒有遭到俄國兵的姦殺，反而受著他們的保護。

㈢在紐約，有人被二個強盜洗刼了一筆五千元的捐款，當那人告訴強盜：這錢是要捐獻給醫院的，強盜不但把錢還他，並且也掏出了十塊錢作爲捐獻。

素羅金以五四八名 Harvard 和 Radcliffe 的學生做研究，研究他們「最好的朋友」。其友誼的發生，有二三·七%是由於單方或雙方的客氣、幫忙、同情和關照的行爲所引起的。另外七六·三%是因爲雙方都有可取的特點，有相互增補的價値和經驗。在這研究中卻沒有發現，有一個是因爲雙方或單方敵意而成爲好朋友的㉗。

愛對成長中的兒童更形重要，根據心理學和精神病學的研究，素羅金認爲①特別母愛是孩子良好和正常長成的必要條件。②被拒絕和沒有愛的幸福的孩子，比能享受到愛的溫暖的孩子更容易發生焦慮、心理障礙、攻擊性和歪曲的人格。③有愛的孩子比沒有愛的孩子容易成熟，並較容易發展仁慈和友善㉘。

從素羅金的「愛能說」中，我們重新在「生存競爭，自然淘汰」，和腥風血雨的戰爭，革命

㉗ 同㉓ p. 59.

㉘ 同㉓ p. 19.

和動亂的世界裏，找到了愛的光輝，和對人類前途的信心，那將是一個愛的世界。

六、結　語

素羅金的社會學理論和知識，也許會隨著社會科學的進步而被取代，這也是每一位科學工作者所相同的命運。處在這麼一個時代裏，他卻以其豐富的社會文化的知識點燃智慧的火炬，集東西文化的傳統欲覓求一條新的人類文明的道路，想要重新在殺戮爭戰仇恨的世界裏，喚醒人們愛的良知。雖然他的知識和理論都將會過時，但他留下的問題——如何造就一個愛的世界？將會是人類永遠追求的理想。

素羅金以七十九歲的高齡因癌症而去世，不可謂之不壽。也許正如他死前給其好友狄馬舍夫的信上所說：「我已經做完了我要做的工作，現在我可以去了。」

最後讓我們引用他自己的一段話來結束本文，和懷念這位偉大的靈魂。

「不管將來發生什麼事，我知道我學到了三樣東西，這些都將永遠成爲我內心和心靈的堅定信仰。生命，卽使是最苦的生命，還是世界上最美麗的、最美妙的、最神奇的寶藏。責任的完成又是一件最美好的東西，它使得生命快樂。這是我第二個堅定的信念。還有我第三個是：殘忍、仇恨、暴力及不公平，是永遠不能也不會去創造精神的、道德的和物質的幸福時代。而只有一條充滿了創造的愛的忠實之路可以通向它，這不僅是說教而要不斷的去做」㉙。

原載《現代學苑》第七三期，一九七〇年四月十日

㉙ 同㉓ Preface.

十一、柏格論現代化

一、前　言

第二次世界大戰後，殖民地紛紛獨立，故有落後國家發展之研究。至五十年代末有列爾納（Daniel Lerner）著《傳統社會之逝去》（*The Passing of Tradition Society*, 1958），副題即爲「現代化之中東」（Modernizing the Middle East）。一九六五年，有美國「亞洲基金會」在南韓召開「亞洲現代化問題」的國際學術會議。雖然，列爾納曾將「現代化」之觀念溯及上世紀之馬克思與韋伯等人，但是，大量使用「現代化」之概念之分析第三世界之發展的，當爲六十年代以後的美國學界。

及至六十年代的美國，由於介入越戰，引起國內反戰運動，而引起學界對美國與第三世界關係之反省。由美國促進的第三世界各國之「現代化」，遂由初期之樂觀而受到批判和檢討。

越戰結束後，列爾納研究「現代化」的伊朗發生了柯梅尼的反動。尼加拉瓜的桑定游擊隊奪取政權後，也不再走美國的「現代化」路線。巴西的洋房轎車與路有餓殍的尖銳對比，也被歸咎爲美國「現代化」的指導。

經過美國反越戰之反省，彼得・柏格（Peter Berger）教授於一九七四年出版了二本關於現代化問題研究的著作，一爲 *The Homeless Mind: Modernization and Consciousness*，另一則是 *Pyrmids of Sacrifice: Political Ethics and Social Change*。此二書之中文譯本均已出版。前者之作者除彼得・柏格外，還有 Brigitte Berger 和 Hansfried Kellner，中譯書名爲《飄泊的心靈：現代化過程中的意識變遷》，後者爲：《發展理論的反省：第三世界發展的困境》。（以下簡稱爲《飄》與《發》）

二、什麼是「現代化」？

誠如柏格所言：「定義並不是理論，可是沒有一篇理論性的文章能夠開始立論，而不先略定其用語的。很不巧的是，對於本書所研究的範圍來說，從事界定實在很麻煩。」（《飄》，二六頁）

「現代化」之所以難以定義，其實是因爲其爲「美國化」的代名詞，又要極力避免「美國化」的意念。因此，強爲之定義就會發生許多怪謬的結論。例如，有人定義「現代化」爲「社會變遷」，而又將他們認爲的現代以前以「傳統」一辭概括，然而「社會變遷」不僅發生於近代，也曾發生於古代，那麼古代也是現代？也有人定義「現代化」是民主和理性，然而，雅典也是一個既民主又理性的社會，那麼古希臘也是「現代化」的了？

在難以定義的情形下，柏格指出：「第二次世界大戰後，社會科學於處理現代和現代社會的概念時，大部分把它們聯想到產生這些現象的過程；這些過程，被稱之爲『現代化』和『發展』，也激發了很多著作。」（《飄》，二六頁）

「現代化」和「發展」都是用來指稱經濟成長的術語，「現代化」與「發展」之別，乃在於「現代化」還包括經濟成長隨之而發生的各種社會、政治、文化的變遷過程。但是，柏格說：

「在拉丁美洲，『發展』的概念，特別是北美社會科學家所用的『發展』概念，被指爲是『啓發主義』；啓發主義一直被認爲是一個意識型態，用來掩飾帝國主義，剝削活動和附庸地位的眞相。」（《飄》，二七頁）

「現代化，不管其歷史原由爲何，其起源於歐洲是無庸置疑的，它是以歐洲散播出來的。時至今日，此種疾病雖已流傳於全世界，且現在正由許多接受西化洗禮的人士廣爲傳播。但是，現代化與西方歷史的相隨性過程，則是可以肯定無疑的。」（《發》，一五二頁）

列爾納曾指出：「現代化」概念之演變，是由殖民時期之「高盧化」、「英吉利化」、「歐化」、「美國化」、「西化」而來的。因此，柏格說：

「今天世界上大多數的現代化，本身卽代表西化過程的原因；既然如此，現代化不僅是社會改變的過程，亦是文化侵略的過程。」（《飄》，一七二頁）

從經濟發展來看，「現代化」也可以有如下的看法：

「經濟成長通常是導源於生產與分配的新技術方法的引入或改進。但是這類技術變遷與經濟發展過程是不可能在眞空狀態中發生的，特別是在當前『日新月異』的時代裏。無可否認的，它們實足以形成一種狂熱的力量，不斷的影響社會上的一切制度與文化。這種既深且廣的變遷，通常是被稱爲是現代化。」（《發》，三七頁）

但是，第三世界國家的經濟「現代化」的促成經常是依賴外國資本，其實多爲美國的多國籍財團。發展的結果，也正如研究第三世界的社會學家柏格所指出：

「外資滲入的結果往往導致經濟的歪曲，亦卽——經濟發展並非爲了本國經濟與社會的實質力量，而是爲了外國的利益。此種歪曲往往爲外國資本家的利益而創造了殖民地式的構造。它並不完全同於舊式殖民主義，它只是選擇性的榨取了殖民地本身發展工業所需的原料而已。此種新殖民主義足以促成工業化，但卻是一種奇特的工業化。」（《發》，四八頁）

三、「現代化」在第三世界

由「西化」而來的「現代化」之概念，本無以此概念說明西方本身之企圖。韋伯曾以「現代社會」描述近代歐洲資本主義社會，但這種「現代」文化在歐美，自十九世紀起就遭受人道社會主義之批判。二十世紀以來，無論在文學、哲學及社會科學之思潮，無不對發展至二十世紀之資本主義社會有一定的批判，還出現「危機時代的哲學」之稱。

但在以西方為模仿對象的「現代化」的第三世界各國裏，誠如柏格所說：「現代化理論家早已獻身給『摩登』一詞及摩登的魔術裏，他們更縱身於『發展』、『經濟成長』、『制度分化』以及『國家建立』的迷霧中。」（《發》，一五頁）這種狂熱乃是來自一種「經濟成長」的信念，柏格稱之為「成長的神話」。他說：

> 「第三世界之接受這種神話，乃是晚近之事，而且顯然是接受了西化福音主義的影響。這種新福音在第三世界裏顯然「傳教」得相當成功。它在第三世界裏所獲得的成就並不僅在於「經濟成長」的魔術而已，它甚至於掀起了一種全盤性的救贖性熱望。」（《發》，二二頁）

在「現代化」過程中的第三世界國家，形成了一種「精英份子」的新階級，這階級的組成乃是「決策者與理論家携手」（《發》，一四頁）。也就是「權者」與「智者」的結合。柏格說：

「此種精英集團通常將特權地位的合法性建立在它所賜予或允諾賜予一般人民的所謂利益上。據此而言，精英份子即是大眾福利的守護神或捍衞者。尤其當精英份子接受了某些民主意識形態的時候，他們便以爲是廣大人民的代言人。

「那些採取高高在上的姿態去了解一般人民處境的權勢精英份子，竟然跟一時冀求攀附權貴的精英份子是一樣普遍。事實上，各國大部份的社會科學家也幾乎都有這種趨向。」（《發》，一五頁）

這些「精英份子」才是那些追求「現代化」國家中事務的眞正參與者。此外，在第三世界中，往往那些接受過西化福音洗禮「傳訊者」，是爲建設「現代化」事業的積極份子。那麼他們是誰呢？柏格指出：

「他們不外乎實業家、工程師、其他技術專家，以及各種不同的社會工程師（他們大部份任職於政治或民間的官位組織裏）。在資本主義社會裏，這些人多任職於公司乃至於國家的『技術組織』裏，而其職業與背景皆屬企業人員、行政人員，或知識份子。」（《發》，四一——四二頁）

他們備有獨特的「理性」——

「這種理性並不一定是指哲學家或科學家所謂的理性；現代社會的理性屬於功能性的，而非理論性的。

它乃是日常社會生活許多過程之運作的一種描述方式。此種理性乃係根源於資本主義、工業革命以及科層制度所賴以轉變的技術及經濟。因此，這裏的理性並非意味着全面性的思考，而是估計、分類，及控制實體的某種態度。此種理性並非是哲學家或科學家的思考方式，而是工程師、商人，及官位人員的控制技術。」（《發》，一五三——一五四頁）

這種「理性」其實只是一種講求有效性的控制術，而不是全盤性的深思熟慮。在原社會受到衝擊瓦解之後，而要重建新的社會之際，第三世界國家的國家事務是需要有全面深入的系統計劃。然而，在第三世界追求「現代化」的國家中，經常是軍事獨裁和專家專政的結合。因此，我們可以看到許多極力追求「現代化」的軍事獨裁的國家，他們的決策階層充滿了擁有西方國家高學位的知識份子和各種行業的專家。這些「精英份子」及其有關集團的人才是「現代化」的受益者，但他們卻是總人口中極少數的人。柏格還指出：

「在經濟領域現代化的萌芽階段，只有少數的個人變成『現代型』，這是一批首先將現代經濟內在固有的認知或規範性主題，加以內化的人，而這些人常常也是『邊際型』的人。」（《飄》，一七七頁）

四、欠缺「政治倫理」的現代化

許多人以為富裕、合理、民主是「現代化」必然會有的結果，但事實並非如此。

柏格以巴西為例來說明親美的「現代化」之失敗。一九六四年，巴西軍事政權成立。從此，外資湧入，巴西當局以為外資是促成本國工業化不可缺少的支援。六五年，巴西的GNP成長率為三·九％，至七二年高達十一·三％。六四年至七〇年間，GNP增加了五十二％，工業生產總值則增加了六十九％，而被譽為「巴西的奇蹟」。

但從另一方面來看：工業就業率由六〇年的三十二·三％降至七〇年的三十一·七％。這個數字還並不十分明顯。但是，從六〇年到七〇年，最低薪估計下降了百分之三十。七〇年全國總收入的三分之一操之在百分之五的人口手裏；同年，佔全國人口總數的百分之四十的最貧困階級，其總收入只佔全國的百分之十。柏格還說：

「巴西境內目前仍有幾百萬人營養不良的情況相當嚴重，而有部份人則瀕於死亡邊緣。此外，尚有幾百萬人或因營養不良或因缺乏基本公共衞生而導致疾病，且沒有任何醫療。」（《發》，一二五頁）

在巴西東北地區，約有三分之一的孩童在三歲前夭折，一般人的壽命平均只有三十歲。

巴西的工業大多是製造耐用的消費品，而這類工業大部是由外國利益集團所投資控制的。生產的優先考慮乃是為了那些有購買力的少數特權階級。柏格痛陳這樣的工業是為：

「這類現代化工廠洋洋大觀，但其實工廠裏面只有少數外籍技師在看管自動化生產過程而已，而該廠所產生的物品對當地的居民幾乎沒有什麼用處——而且，工廠所在地的地區仍然存在著大量失業現象，一般人民的貧困沒有絲毫得到紓解。」（《發》，一二四頁）

在這種情形下，巴西的反抗勢力必然興起。但是，巴西政府和其他反動政府一樣，恐怖鎮壓是反動統治唯一的法寶。我們還是請柏格來敍述——

「自一九六四年以來，巴西政府一向以恐怖手段控制其反對者。當關係到「國家安全」之時，人民的權利與自由，就徹底的失去保障，而所謂的「國家安全」便成爲該政權警察暴行的藉口。當涉及到「國家安全」時，法庭的獨立與公正便蕩然無存。因政治理由而被非法逮捕與拘押的人不計其數。而最爲人詬病的是，爲了榨取情報及威脅恫嚇，當局亦不惜系統性地使用酷刑。」（《發》，一二七頁）

據國際特赦組織的報告，六四年至七二年，遭酷刑的約兩千人，遭巴西情治單位謀殺的有數百人。七三年時的政治犯約二萬人。

巴西當局還嚴厲控制言論自由，因爲——

「恐怖政策與該政權的經濟政策有著密切的關係，爲了執行以大多數人的痛苦換取而來的經濟政策，當局自不得不禁止一切批評言論及恐嚇一切潛伏的反抗份子。」（《發》，一二七頁）

對這一切的暴行，巴西當局「他們則辯稱，維護政治穩定乃是經濟發展不可或缺的要素。」

（《發》，一二三頁）

巴西當局在美國企業界與政界有不少的同路人，因爲巴西當局提供了他們優厚的投資環境。他們經常無視於事實的否認巴西當局的暴行，並曲意爲之辯護，甚至說：「我們必須記住，那些人對痛苦的態度不同於我們，因爲他們生來就習慣於這種痛苦了。」（《發》，一三〇頁）

現在，另以韓國爲例，一九八〇年，「光州事件」之後，洛克斐勒訪韓，至香港即稱讚全斗煥是「紳士」。「紐約時報」亦立刻忘記了前不久巨幅的「光州事件」的報導和評論，而言：南韓的經濟發展，有賴於全斗煥這樣的「強人」。

由此可知，美國向第三世界輸出的「現代化」包裝內，只有美國資本家的剩餘資本，而沒有民主、自由、人權這一類「政治倫理」的。

五、第三世界的出路

親美的「成長的神話」，既然是令人悲觀的。那麼，第三世界何處去呢？柏格研究第三世界，指出了一條樂觀的道路，那就是：

「今天第三世界的一個樂觀因素乃是民族主義。西方的自由主義者及政治左傾人士，往往會將民族主義視爲一種否定因素。但是第三世界情況複雜得多。不管我們對第三世界的民族主義作何種看法，民族主義能刺激第三世界的人對其固有的傳統的尊重，糾正對西方制度的盲目移殖，並立意尋求改革性的社會問題解決之道，則是無可否認的。這不能不說是一種健康的傾向。」（《發》，一九三頁）

民族主義在第二次大戰前，似乎僅意味着殖民地的政治獨立，由殖民地人民締造一個由當地人組成的國家政府。然而，在新殖民主義之下，獨立國亦無異殖民地，因此，如何擺脫富國的經濟控制當是第三世界奮鬪之目標。如何改善與富國經濟交易而免於陷入新殖民地之境遇。柏格指出：

「貧窮國家欲求改善其交易地位或避免這種不平等的交易，其可循的經濟政策非只一種。但任何此等政策皆有一不可或缺的前提，那就是一個國家的經濟命脈必須操之在地主國政府，而不能操之任何企圖追求利益與該國無關、或根本有害於該國發展的政府官員或非官方經濟結構之手。簡單地說，當貧國不斷爲富國所宰割時，則貧國改善經濟狀況的希望便微乎其微。換言之，發展的首要前提是在經濟政策的制定與執行上，地主國必須擁有充分的政治主權。」（《發》，一九〇頁）

然而，「第三世界國家發展的先決條件是它的經濟政策必須操在自己的手裏。很明顯，這並不是任何政府都能輕易的做到。」（《發》，一九二頁）他以爲軟弱、無能而腐敗的政府就做不到，而有力量的政府也可以被愚蠢的經濟政策搞得一無所成。雖然，柏格沒有明確說出，但是，既要避免無力，又要避免愚蠢，那麼唯有受人民擁護和受人民監督的民主政府才能符合這個條件。

近代歐洲民族主義之起，本來就包含人民主權的意義在內，國家主權不屬外國人所有，亦不屬個人所有，而屬國民全體。議會政治乃是人民運用主權的一種方式。第三世界國家民族主義之發生，誠然首先要完成從帝國主義手中取回國家主權的任務，可是，進一步必須要把國家主權妥善的交到國民全體的手中，才能算是民族主義的完成。

因此，第三世界國家今後要發展屬於自己的經濟，民族主義所能發揮的功能，對外爲爭取經濟的自主權，對內爭取人民的民主權。然後，根據自己的條件及衡量世界形勢以求政治、社會、文化的發達。

至於向第三世界輸送「現代化」的美國，柏格亦有語重心長的呼籲：

「帝國交相更迭乃是歷史上的一種重現過程。國家可以得到強權，但同樣亦會失去它。但權力卻永遠不可能出於意識型態的決定而自動放棄的。即使一個掌權者果眞作了這種決定，一旦要付諸實際行動還是會困難重重。由此可見，要解除美國的帝國強權還絕非易事。當此，解除過程展開之時，世界上許多地方將瀕於混亂，而美國領導階層將遭到難以抗拒的壓力。而且，這種決定在道德上亦屬相當不負責任的行爲。但是，只要無礙於現實狀況，我們又何妨不去追求此一理想呢？」（《發》，一八二頁）

這是美國正義之士的良心之言，美國的良心畢竟沒有因爲她的世界霸權而絕滅。

六、回響

中國是第三世界國家之一，「現代化」的口號響徹海峽兩岸。口號聲歇之後，是否可以讓我們冷靜下來讀讀柏格的這二本書，嚴肅的思考一下「現代化」與中國未來發展的問題呢？

一九八二年二月二十七日於新店

原載《暖流》一九八二年三月

十二、評陳著《平凡的道德觀》

本書著者陳大齊教授謂幼年受儒家教育，晚年研究興趣亦爲孔子思想，尤其對孔子在道德方面之垂示最爲服膺。本書之宗旨乃在於闡揚孔子的道德哲學。然著者言其「所弘揚的、置重於孔子思想的根本大義，不定兼及其細微的末節，其根本大義，眞可謂萬古長新，其細微末節，則時移勢易，不一定爲現代所可適用。」（序文）著者認爲孔子的思想是平實的，不說恍惚迷離而不可究詰的話，不講玄妙而不可捉摸的理。其又自謙是一個平凡的人，所能發抒的，只是一些平凡的意見，故將本書之書名定爲「平凡的道德觀」。

著者把道德二字界定爲「道字可用以稱呼自然現象所遵行的法則，德字可用以稱呼自然事物所固具的性能。」（頁三～頁四）儒家思想的範圍雖具有兼及宇宙萬事萬物的架勢，但其主要及絕大部份的課題，都是在人事方面，所以「道德」二字的用途，在儒家思想的系統中，實際上是

用在爲人事方面。故「簡括言之，可說道德是做人的態度。」（頁四）

卽使以人事方面的道德一詞而言，亦可分作「事實名稱」和「價值名稱」二種（頁四）。如一個人的行爲，不論謙和或粗暴，用「事實名稱」來說，都是一種道德的行爲。但一般人用道德二字通常都在「價值名稱」的範圍之下，他們可以稱謙和是道德的行爲卻稱粗暴是不道德的行爲。「故價值名稱的道德應當解釋爲做人應取的態度」（頁五）。

以「價值名稱」所言之道德與不道德，其實也就是善與惡了。何者爲善？何者爲惡？我們在常識中，可以發現有許多莫衷一是的善惡判斷，之所以如此，著者認爲乃是「出於判斷主體的不同與所持標準的不同。」（頁七）而衡量的標準乃是「依其所須具備的性質，一定是一種要求。要求的特色，在於把依以實行及予以滿足的責任加諸被衡量者的身上。被衡量者能順其要求而予滿足，則賦以正的價值，被衡量者若逆其要求而不予以滿足，則賦以負的價值。」（頁八）然由於判斷主體的不同，一項行爲對甲能順其要求而予滿足，故可以是正的價值（善），但對乙很可能是逆其要求而不予滿足，故是負的價值（惡）。故著者認爲這種要求必須是根本而普遍的。著者指出人生的安寧就是這種根本而普遍的要求。

關於眞僞與善惡的問題，著者所持的是「眞善不一定說」。他認爲眞僞是「實然問題」，善惡是「應然問題」，是二個不同的層次，如父母當慈，子女當孝，這是應然。而各家的父母有慈有不慈，子女有孝有不孝，這是實然。（頁四七）

雖然眞善的層次不同，但是眞必須是善的先決條件。我們要能認識那些行爲是眞的能滿足人生的安寧，然後能有行善的知識，才可能去行善。如果這種知識是錯誤的話，那麼依這種知識去行事的行爲就不會是善的。以前孝子的割股療疾，因爲其沒有醫療的正確知識，所以它不但不是孝的善行，而且是殘害身體的惡行。

除了「事實的認識」外，還有「價值的認識」。著者又把「價值的認識」分二層來講，一是「居常的認識」，也就是單向的認識，一是「應變的認識」，也就是雙向的認識。前者是指道德的行爲者由其單方面決定行爲的價值，如空氣流通足以使身體健康，而身體健康可以滿足人生的安寧，故使空氣流通的這項行爲是有正價值（善）的。但如果有一個病人，空氣流通足以加速其病況，則使空氣流通的行爲是否有正價值就值得懷疑了。在這種情況下，對價值的認識就不能是居常的和單向的，而是必須考慮「處理對象」，和必須要有「應變的認識」。這種價值認識因爲要考慮「處理對象」，所以它不是單向的，而是雙向的。

什麼是「應變的認識」所需要的價值知識呢？著者認爲那就是「義」。「義」、卽是宜，卽是適當。（頁四〇）「應變的認識」所要認識的是「義」。爲了有別於對事實的認識，著者把這種對價值的認識稱之爲「衡量」。（頁四一）「衡量」以後再發爲具體之行爲謂之「實踐」。故道德的言行，可分爲三個階段，卽「認識」、「衡量」與「實踐」。

(貳) 在論及儒家最高的道德概念——「仁」——的時候，著者認爲「仁是孝悌忠信諸德的總稱」

(頁九三),是一種滿足人生基本要求的良導體。因爲仁的意思就是愛,所以以仁行事的行爲才是道德(善)的行爲。眞正的愛的實行就是要大家都能安寧,所以仁的目的是在求安,仁的作用是在致安。仁並不是一項玄妙而不可及的道德,只要自己隨時顧及他人與自己的安寧,就可以步入仁的領域。(頁九五)仁與義是有分別的,「仁是企求安寧的意志,簡言之,可稱求安的心,義是導致安寧的途徑,簡言之,可稱致安的術。」(頁九八)而仁、義二字的運用可稱之爲「適宜的愛」。爲了要求人生的安寧,而需要仁義的道德,然人生必須要有「功」「利」才能得到安寧,所以著者主張仁義的目的就是在求眞功正利。(頁一〇五)

如果有二個不同的道德項目發生了衝突,著者主張一種調和論。以儒家所標示的忠孝二項德目而言,著者認爲在理論上可臻於調和,但在現實上又認爲不能全免。(頁一四五)「父爲子隱,子爲父隱,直在其中」是孔子所明示的。然而「大義滅親」又是爲一般人所稱讚的,是著者所認爲的「眾安」。這是儒家道德哲學上很難能解決的一個難題,而著者卻認爲這應當訴之於道德的基本任務,「忠而能貢獻安寧的較大,則取忠,孝而能貢獻於安寧的較大,則取孝。」(頁一四五)著者的這種說法似乎能解決這個問題。但是如果我們說忠的對象是人羣或國家(以前的皇帝雖是個人,然朕卽國家),而孝的對象只是父母或一個親屬羣,顯然的,忠的對象要比孝大得多,也就是說忠能獲取的安寧要比孝大。在理論上對忠孝可以訴之道德的基本任務來選擇,但在現實上忠的道德任務永遠大於孝的道德任務。而著者並沒有肯定要放棄孝的道德任務而選擇忠的道德任務。雖然這樣是堅守了儒家重孝的道德信條，但卻可能忽視了著者自己所說的「時移勢易，不一定爲現代所可適用」。

由於忠孝衝突的問題，我們必須探究儒家重孝的道德觀所產生的社會文化背景。強調孝的道德，在一個維持道德秩序（moral order）的「禮俗社會」中是可能的，而且也是必要的。也就是說在這樣的社會中，孝的美德可以獲得極大的安寧。但在一個著重技術秩序(technique order)的「法治社會」中，孝的德行可能不但不能獲得極大的安寧，甚至是一項造成不安的行爲。

綜觀本書欲以安寧來說明道德的任務，認爲「嬰孩呱呱墮地的第一聲，正在訴說環境驟變所帶來的不安」。（頁一六）然而除了求安的根本要求外，人還有求變的根本要求，著者並沒有予於顧及。並且求變的根本要求，多少是人類文化道德發展的一項重要的動力。如果不把這項根本要求考慮進去，這種道德觀是一靜態的道德，而不一定能適用於一個動態的人類文化。以人類文化而言，雖然有一些變遷很慢的文化，但沒有一個理想的絕對靜態的文化。人類的要求在實際上是變中求安，也有安中求變的，能適用於人類的道德觀也需要具有這種性質才行。

本書在說理上層次分明，邏輯嚴謹，觀念也說明得非常清楚，乃是一本平實的好書。

原載《臺大哲學論評》第二期，一九七三年

十三、民生主義與威廉考

十一月二十六日及二十八日，《中央日報》分別刊出專稿報導毛里斯・威廉之子羅伯・威廉來訪的消息。前者報導中雖言，孫中山演講民生主義之時和毛里斯・威廉「有不謀而合之處」；唯後者之報導中，又引羅伯・威廉的話，說孫中山實乃受其父之書的影響而改變立場，故不能不有所駁正。

茲先將需駁正的文字抄錄於下：

一、「他（羅伯・威廉）覺得他父親的哲學——主張一切社會進步後面的發動力，是人類對於解決生存問題的要求，而非馬克斯社會主義的階級鬪爭——能夠對中國國父孫中山先生產生影響力，意義非比尋常。」

二、「羅伯・威廉很感慨的說，《社會史觀》發行之後，孫中山先生的思想有了顯著的改變，傾向民主制度。」所以，「孫中山先生當初棄絕了馬克斯社會主義，將中華民國帶向自由民主的道路。」

羅伯·威廉的這種說法實根據毛里斯·威廉而來，毛里斯·威廉的說法是：孫中山在演講三民主義的民族主義和民權主義時，都是「贊成馬克思」的，「贊成共產主義」的，「贊成布爾什維克」的。到了講民生主義時（十三年八月三日），態度爲之一變，而批評馬克思主義，無乃因爲讀了《社會史觀》而改變立場的。

毛里斯·威廉的說法實與事實不符，因爲 孫中山在演講民族主義第一講時（十三年一月二十七日）的前六天，就將《社會史觀》一書在演講中介紹於中國國民黨第一次全國代表大會，即「關於民生主義說明」（十三年一月二十一日）的講詞。其中說：

「『民生』二字，爲數千年來已有之名詞，至用之於經濟學上，則自本總理始，卽在外國亦屬罕見。數年前，有一服從馬克斯主義之學者，研究社會問題，發現社會上之生計問題，與馬克斯學說有不符合之點，……乃將其著作公之於世，名之曰《社會之歷史觀》（按：卽《社會史觀》）。其要點之大意有云：『在今日社會進化中，其經濟問題之生產與分配，悉當以解決民生問題爲依歸』云云。」

毛里斯·威廉在出版《社會史觀》之時，還曾對馬克思主義「提出疑義，逐條並舉，徵求同黨解答，歷時一年之久」，才出版的。其出版年代爲民國八年，加上「歷時一年之久」，不過民國七年，而 孫中山早在民國元年十月十五日至十七日，演講「社會主義之派別及批評」時，就說過：「人類之在社會，有疾苦幸福之不同，生計實爲其主動力。人類之生活，亦莫不爲生計所限制。是故生計完備，始可生存，生計斷絕，終歸於淘汰。」

再追溯 孫中山民生（史觀）思想的發軔，實自一八九六年倫敦蒙難之後，他自己說：「倫敦脫險後，……予爲一勞永逸之計，乃採取民生主義，以與民族、民權問題同時解決，此三民主義之主張所由完成也。」（《孫文學說》，第八章）

由此可見，毛里斯・威廉的話不對，羅伯・威廉的話也不對。孫中山的民生主義實「自本總理始」，而非毛里斯・威廉的影響結果。只是威廉氏的書出版後，孫中山因肯定其作而引證罷了。

再說，孫中山之不同意馬克思主義實行於中國，最明確的證據是民國十二年一月二十六日，與越飛所發表的聯合宣言；雖然這個宣言發表於威廉氏的著作刊行之後，但是，早在民國元年的「社會主義之派別及批評」中，就說：

「與其至於已成之勢而思社會革命，何爲防微杜漸而弭此貧富戰爭之禍於未然乎？譬諸歐西各國，疾已纏身，不得不投以猛劑；我國尚未染疾，尤宜注意衞生之道。社會主義者，謂爲療疾之藥石可也，謂爲衞生之方法亦可也。惟我國與各國之狀態不同，則社會主義施展之政策，亦因之有激烈和平之不同矣。」「處今日中國而言社會主義，卽預防大資本家發生可矣。……不必全法歐美之激烈對待，而根本學理，和平防止可矣。」

查全部的　孫中山遺教，從未主張以暴力的「階級鬭爭」實行於中國的主張。雖然　孫中山說過「以俄爲師」的話，但卻是要我們「師」列寧如何推翻暴虐的沙皇和帝國主義的干涉內政，但不是要我們「師」共產制度。其意亦至爲明顯。孫中山從來沒有主張過在中國實行馬克思主義（其理由不贅），那麼「孫中山先生當初棄絕了馬克思社會主義」之語，又從何說起呢？

孫中山所主張的自由民主，是主張國家自由和主權在民，不是歐美以個人主義爲基礎的自由民主，及被資本家壟斷的政治制度，而是「直接民權」和「革命民權」的民權主義。這只要對孫中山思想稍有認識的，一翻　孫中山遺教就可以查證的。由於中西方的國情社會不一樣，西方的個人自由不能生硬的搬到中國來，所以說「他們以爲歐洲革命，像從前的法國都是爭自由，我們現在的革命，也應該學歐洲人來爭自由。這種言論，可說是人云亦云。」（「民權主義」，第二講）西方的民主亦復如此，並且說：「近世各國所謂民權制度，往往爲資產階級所專有，適成爲壓迫平民之工具。若國民黨之民權主義，則爲一般平民所共有，非少數人得而私也。」（「中國國民黨第一次全國代表大會宣言」）因此，如果說　孫中山是將中華民國帶向西方式的自由民主的道路，這是一種錯誤的說法。並且與現在中國國民黨的情形也不符，今天中國國民黨之所以爲革命民主政黨，不是根據西方的自由民主，至少在理論上應根據　孫中山的民權主義之革命民權。

如果羅伯・威廉所說之自由民主就是　孫中山的民權主義，那麼從上文所引《孫文學說》的話可知，民權主義的思想主張更早於民生主義，並一直未曾動搖過，更不可能是讀了《社會史觀》

才有所改變的。

我們歡迎羅伯・威廉的來華訪問；從總理始，我們在思想上也一直以毛里斯・威廉爲同道和同志。並且也希望黨史會能將羅伯・威廉所贈之資料公諸於世，好讓研究　孫中山思想的工作者有所參考。但是，有關毛里斯・威廉與　孫中山思想之間的關係，我們不能不有所辯正，以還事實的本來面目。

原載《夏潮》一九七八年一月

十四、論「氣」

——就教於余英時先生

拜讀了余英時先生的大文——「從價值系統看中國文化的現代意義——中國文化與現代生活總論」，的確是一篇引據博贍的力作。

在余先生的大作中，認爲中國人對於人與自然關係的基本態度可以用「人與天地萬物爲一體」概括之，並且認爲這是進入宋明理學後的各派思想的共同觀念，而這觀念與「氣」有關。講到「氣」，余先生有一段話說：

那麼「氣」又是什麼？這是無法用現代西方觀念來解說的一個名詞，簡單地說，「氣」是有生命的，但既非所謂「心」，更不是所謂「物」。希臘人雖把自然看作有機體，但這個有機體是由「心」（或「靈魂」）「物」兩種元素合成的。這與中國「氣」的宇宙觀仍然大有區別。

余先生把「氣」和「心」「物」分離，是一種新的見解。故不揣譾陋提出己見，望余先生有以教之。

首先，余先生把「心」的解釋包括「靈魂」在內，如果我的理解不錯，余先生所指的「希臘人」和「靈魂」當是阿那克薩戈拉（Anaxagoras）和他所說的 Nous，雖然阿氏的 Nous 主要指宇宙的 Nous，但他畢竟承認人也有 Nous 的。而余先生認爲「氣」是有生命的，又認爲「氣」不是「心」。這種說法，也有值得商榷之處。

至於古代中國「氣」的觀念的出現，早在先秦。周幽王二年，西周三川皆震，伯陽父曰：「周將亡矣！夫天地之氣，不失其序；若過其序，民亂之也。陽伏而不能出，陰迫而不能烝，於是有地震。」（《國語．周語上》）

這裏所說的「陰」、「陽」都是指「氣」，「天地之氣」也就是「陰陽之氣」。類似的話在《禮記》中也出現，如「天氣下降，地氣上騰，天地和同，草木萌動」；「天氣上騰，地氣下降，天地不通，閉塞而成冬。」（《禮記．月令》）「天地合同」也就是「陰陽交合」。這是古人以「氣」和「陰」「陽」來解釋地震及春、夏、秋、冬等自然物質現象的形成和變化，這種「氣」並不表現「有生命」的意義，它雖不是「心」，但卻不能不是「物」。

「氣」作爲自然哲學的宇宙觀，《列子．天瑞篇》有云：

昔者聖人因陰陽以統天地。夫有形生於無形，則天地安從生？故曰：有太易、有太初、有太始、有太素。太易者，未見氣也；太初者，氣之始也；太始者，形之始也；太素者，質之始也。氣、形、質具而未相離，故曰：渾淪。渾淪者，言萬物相渾淪而未相離也。

宇宙之形成，由「未見氣」至「氣之始」。再由「渾淪」之「易」，「變而之一」，由「一」再行分化，而有天地人；列子說：「一者，形變之始也。清輕者，上爲天；濁重者，下爲地；沖和氣者，爲人。故天地含精，萬物化生。」故《列子》中還說到「天積氣耳，亡處亡氣」、「日月星宿，亦積氣中之有光耀者」、「地積塊耳，充塞四虛」、「虹蜺也，雲霧也，風雨也，四時也，此積氣之成乎天者也。山岳也，河海也，金石也，火木也，此積氣之成乎地者也」。

這也就是說，萬物和物質現象都是由「氣」所構成的。且「氣」有輕重，能積散，還能上下運動。運動必表現在「時」「空」之中。且上述除「沖和氣者爲人」外，均與「生命」無關。

列子「沖和氣者，爲人」正是老子所謂「萬物負陰而抱陽，沖氣以爲和」。古代的「氣」論，不但認爲天、地、日月星宿、虹蜺、雲霧、風雨、四時、山岳、河海、金石、火木是「氣」所聚而成，而且人的生命也是「氣」聚而成的。又如莊子言：「人之生，氣之聚也；聚則生，散則死。」（「知北遊」）。這種說法《管子》中也有，如「有氣則生，無氣則死，生者以其氣」（「樞言」），「凡人之生也，天出其精，地出其形，合此以爲人，合乃生，不合不生」（「內業」），又「精也者，氣之精者也」（「內業」）。由此可見，莊子以「氣」論人之生死也不是鑿空虛構的。

這種「氣」或「精氣」雖構成了「有生命」的人，但並非其本身本來就「有生命」。如荀子所說：「水火有氣而無生，草木有生而無知，禽獸有知而無義，人有氣有生有知亦且有義，故最爲天下貴。」（「王制」）如果「氣」本身就「有生命」的話，何以水火又「無生」呢？「氣」可以構成各種不同的有生命和無生命的事物，甚至可以視爲「神奇」，或視爲「臭腐」，但其爲「氣」則一。所以莊子說：「是其所美者爲神奇，其所惡者爲臭腐；臭腐復化爲神奇，神奇復化爲臭腐。故曰：通天下一氣耳。」（「知北遊」）

或如孟子所說的「我善養吾浩然之氣」，而「浩然之氣」乃「其爲氣也，至大至剛，以直養而無害，則塞于天地之間。其爲氣也，配義與道。無是餒也，是集義所生者，非義襲而取之也。」又說：「夫志，氣之帥也；氣，體之充也。夫志至焉，氣次焉。」（「公孫丑上」）

孟子雖然以「志」爲「第一性」，「氣」爲「第二性」，但「氣，體之充也」，亦卽管子之「氣者，身之充也」（「心術下」）。「體之充」總不能完全都是充一些非物質性的「心」罷。而且「塞于天地之間」又如何不是列子的「天積氣耳，亡處亡氣」。「塞于天地之間」指空間言；「無是餒也」指時間言，既表現在「時」「空」之中，必具實體的意義。

因此，孟子的「浩然之氣」雖把「氣」作爲「第二性」，但畢竟沒有脫出先秦對「氣」討論的範圍。孟子強調「志」是「第一性」——「志至焉」，「志」應爲「心」的範疇；爲「第二性」的「氣」——「氣次焉」，且爲「體之充」，則似乎只能屬於「物」的範疇了。

宋代主張「天地生於太極，太極卽吾心」的邵雍，也說：「氣者，神之宅也。」「神一而已矣，乘氣而變化。」（「觀物外篇」）這還是孟子「夫志（神），氣之帥也」之義。「氣」是被「乘」的，也是被住（「宅」）的，而且還能「變化」，這樣的「氣」當不是虛無，而應有一定的實存性。

程明道有言：「有形總是氣，無形總是道。」「凡有氣莫非天，凡有形莫非地。」（「語錄」）程伊川亦言：「道是形而上者，氣是形而下者。」（「語錄」）「有形」和「形而下者」，誠然不是「心」，但卻不能不是「物」。

張載云：「氣之聚散於太虛，猶冰凝釋於水，知太虛卽氣，則無無。」「氣之爲物，散入無形。」（《正蒙・太和》）這則是說「氣」是一種無形之「物」。

主張「我心卽宇宙」的陸九淵也說過：「氣質偏弱，則耳目之官不思，而蔽於物。」（「語錄」）「氣」有「質」，而且影響「耳目之官」，這種「氣」也不當不是「物」。

主張先「理」後「氣」的朱熹說：「天地間有理有氣，理也者形而上之道也，生物之本也。氣也者，形而下之器也，生物之具也，是以人物之生必稟此理然後有性，必稟此氣然後有形。」（「答黃道夫書」）「器」和「具」都是物質性的，凡「有形」之物必由「氣」所構成，這也表示了「氣」是構成「器」、「具」、「有形」的一種「物」了。

大家所知道的文天祥「正氣歌」云：「天地有正氣，雜然賦流形，下則爲河嶽，上則爲日星。」有「流形」，且爲構成「河嶽」、「日星」的「氣」不是「物」，又是什麼呢？

「氣」之爲物質性的元素（「物」），在中國哲學史上是很清楚的，除張載「氣之爲物」外，《易・繫辭傳》亦云「精氣爲物」。此處所謂之「物」可以是看不見的「至精無形」，但卻是構成有形之物的「物」。

「氣」之爲「物」，「亡處亡氣」，也就是「塞于天地之間」，且「積氣」而構成一切有形之萬物或生命（靈魂）。另外，《管子》一書中還說到有一種「靈氣」是「一來一逝，其細無內，其大無外」，又「精將自來」、「精將自定」（「內業」）。

「一來一逝」表示了「氣」是會運動的，「自來」、「自定」則是說這種「氣」的運動和停留的力量在於「氣」的本身，並不是「氣」之外另有力量使其運動。

「其細無內」即小得不可分割之意，莊子亦云「夫精，小之微也」及「數之不能分」（「秋水」）。「其細無內」或「其小無內」的不可分割之觀念在先秦也已出現，而且用在對「氣」（另還用於「道」）的形容上。

「其大無外」當指「氣」所充塞和存在的空間，「亡處亡氣」正是此意。

由此，我們就不能不聯想到古代希臘亦有原子之說，「原子」在希臘文即「不可分」之義，亦「其細無內」。而且原子也是充塞於宇宙的，又如何不是「其大無外」。德謨克拉特（Democritus）還認爲太陽、月亮等是原子構成的，靈魂也是原子構成的等等。

當然，希臘人所說的原子，和中國的「氣」並非完全沒有出入，（中國各家論「氣」也有不同），但其爲構成萬物的不可分割的物質元素則應爲共同看法。所以，當代治中國哲學史的學者，大都認爲「氣」是「物」，或爲一種極微小或不可分割的物質。如嚴靈峯先生嘗比擬「氣」「一如德謨克拉特的『原子』（Atom），具『不可分』義。」或言「此氣亦係微細之粒子，如現代科學之陰陽二電罷了。」所以，「氣」並非不可用西方觀念解說，也不一定就是中國所特有的觀念。

以上是我對余先生談到「氣」的一點意見，並希望能得到余先生的指教，則不勝榮幸。且余先生不取當代學者以「氣」爲「物」的看法，相信自有理由，我們也願聞其詳。

一九八四年元月十九日于新店

原載《食貨月刊》一九八五年二月

十五、獲罪於天無所禱也

——對呂秀蓮新作的感想與補充

見呂秀蓮在國際人權日發表於《自立副刊》的「人權不是舶來品——儒家思想的人權觀」長文，感慨良多，不敢不言。

記得呂秀蓮第一次學成歸國，任職行政院，在報紙上發表許多文章，並提倡新女性運動，那時正發生「臺大哲學系事件」，我亦被解聘，黯然離開臺大，而斯時臺大校園裏到處貼著歡迎呂秀蓮演講的海報。那時她做了不少有關婦女的公眾服務的工作，例如「保護妳」專線，但卻因出版了一本書《她們為什麼成名》，為了何秀子而引起軒然大波，她們對何秀子的說法，我亦不以為然。不過她們出的另一本為女工講話的《她們的血汗她們的眼淚》，我卻甚以為是。

不久，呂秀蓮又出國進修了，回國後特別關心臺灣史，但她對臺灣史的理解，與我大不相同。一九七八年，她參加國代競選，並在國賓大飯店舉行募款餐會，那是我第一次有幸目睹風采。七八年的選舉以「未完成」結束，翌年，她就以參加在高雄舉行的國際人權日紀念會（高雄事件）而被處刑十二年，並在審訊期間承受了不少恫嚇和侮辱，直至去年「保外就醫」，目前又回到哈佛進修。為國際人權日紀念會坐牢，而在國際人權日發表儒家思想的人權觀論文，當然是寓意深長的。

雖然呂秀蓮對這篇大作，經營甚力，但據我所知，她並不是研究中國哲學或思想史的專家，也就是由呂秀蓮這樣一個非專業的人在這樣的時代來談儒家思想的人權觀，更覺難能可貴，而使得以中國思想史為專業的人倍感慚愧。

天意即民意

不過，也許是呂秀蓮參照西方思想史，或受到宗教立場的對中國思想史的解釋影響，其對儒家思想中的「天」的觀念，似乎尚有商榷之處。

根據馮友蘭的說法，中國文字的「天」有五義：即「物質之天」、「主宰之天」、「運命之天」、「自然之天」、「義理之天」。（《中國哲學史》，頁五五）

呂作在記述「先王政治哲學的基礎」中認為「天」是「先民對天的體認是一種有思想，能云為的『有意識人格神』」。這當是指「主宰之天」。但她又說：「將儒家的人權觀與西洋人權思想作比較，儒家天道主義的人權觀相當於西方神權思想的人權觀，二者皆以體現天意或神意為目的。」這還是以儒家的「天」為「主宰之天」。其實「天」的觀念，從西周到春秋戰國時代，已經有了人文主義的變化。

西周的「天」或多為「主宰之天」，也就是「有意識人格神」，如「享天之命」（《書・多方》），「以小民受天永命」（《書・召誥》）。

中國的民本思想當源自古代初民的「平等社會」（即「大同」），老早就有「民惟邦本，本固邦寧」（《夏書・五子之歌》）的說法。民本思想與「天」結合，而有「天聰明自我民聰明，天明畏自我民明威」（《書・皋陶謨》），「惟帝不畀，惟我下民秉為，惟天明畏」（《書・多士》），「天亦哀四方民，其眷命用懋，王其疾敬德」（《書・召誥》），「民之所欲，天必從之」（《左傳・襄公三十一年》，引「泰誓」），「天視自我民視，天聽自我民聽」（《孟子・萬章》，引「泰誓」）。

在這個歷史階段中，「天」雖是「有意識人格神」，天子也是「奉天承命」，「惟天時求民主」（《書・多方》），但是，在另一方面，「天」卻是站在「民」這一邊，不但「天亦哀四方民」，並且，「民之所欲，天必從之」，所以，「天」、「天子」和「民」之間的關係，一方面是「天」授命天子統治民（天↓天子↓民），但另一方面卻是「天」要從民，天子要從天（民↓

天→天子），而形成一個雙向的對待關係，並無絕對的王權觀念。而在這種關係中，天意卽民意，違反民意卽違反天意！

但「有意識人格神」的「天」，慢慢地便從「主宰之天」的地位滑落下來，而成爲「義理之天」或「自然之天」。相對的「民」的地位，漸漸更被提昇，而不再需要「天」的中介。

天道遠人道邇

春秋時代隨國的季梁有言，「夫民，神之主也。是以聖王先成民而后致力於神。」（《左傳・桓公六年》）虢國的史嚚亦言：「吾聞之，國將興，聽於民；將亡，聽於神；神，聰明正直而壹者也，依人而行。」（《左傳・莊公三十二年》）又如，「皇天無親，惟德是輔」（《左傳・僖公五年》引）及子產言：「天道遠，人道邇，非所及也，何以知之？」（《左傳・昭公十八年》）所以孔子說：「務民之義，敬鬼神而遠之，可謂知矣。」（《論語・雍也》）這樣的思想的出現，也不是沒有先行思想家的啟發。

在「有意識人格神」的信仰下，禍福由「天」或「天官賜福」，或「天降其殃」，但是，由人文主義的覺醒，「主宰之天」也漸漸讓位給「人」了。

例如，「下民之孽，匪降自天，噂沓背憎，職競由人」（《詩・小雅》），「聿修厥德，永言配命，自求多福」（《詩・文王》）。至孟子，更引太甲曰：「天作孽猶可違，自作孽不可活。」（《孟子・離婁上》）「福」可「自求」，「孽」「匪降自天」，並且「天作孽猶可違」，沒有能力可以主宰禍福的「天」又何敢居「有意識人格神」的地位？

一部人類的思想史，是一部人類思想發展過程的歷史，其中思想「內在聯繫」的千絲萬縷也絕非「一刀切」式的乾脆俐落，直至今天，臺灣老百姓尚有「拜天公」的民俗信仰。但是，以中國的「大傳統」而言，至少到春秋時代，「有意識人格神」的「主宰之天」，在思想史上，已經不居支配的地位了。支配中國思想史的是人文主義，在政治哲學上則爲民本思想，而政治上的民本思想則是基於人文主義。

但是，這也不是說，「有意識人格神」的「主宰之天」的觀念已完全不見了。孔子就說過：「畏天命」（《論語・季氏》），「知天命」（《論語・爲政》），和「獲罪於天，無所禱也」（《論語・八佾》）的話，雖然這些「天」是否是「主宰之天」尚可爭議（如前二者可作「義理之天」的理解，後者可作「運命之天」解），但即使這些是「主宰之天」的用法，在孔子思想中也是不居重要地位的，但他說到「天何言哉，四時行焉，百物生焉，天何言哉」（《論語・陽貨》），這個「天」顯然是「自然之天」。並且，他的學生也說他「夫子之言性與天道，不可得而聞也」（《論語・公冶長》），可見「天道」不是孔子思想的重要部分。

至荀子「天行有常，不以堯存，不以桀亡」（《荀子・天論》），「天」的「有意識」被取消了，而只是一片「自然之天」。

除了儒家外，道家是以「道」爲本體，而「道」則是「有物混成，先天地生」（《老子・二十五章》），這裏的「天」也只能是「自然之天」了。墨家講「天志」，可能比較接近「有意識人格神」的「主宰之天」的觀念。但是，工匠出身的墨子卻把「天志」當成他吃飯的傢伙——規矩，他說的天志竟是「譬若輪人之有規，匠人之有矩，輪匠執其規矩，以度天下之方圓，曰：中者是也，不中者非也」（《墨子・天志上》），「天志」只是一個客觀的標準。

法家的哲學多「歸本於黃老」，又法家的二大人物，一是理論的集大成者韓非，一是秦帝國締造的推動者李斯，並又都是荀子的學生。「主宰之天」在法家的思想體系中更是不存在的。至王安石更有石破天驚之語——「天變不足畏，祖宗不足法，人言不足恤」。「天變不足畏」，「天」還有什麼權威，「有意識人格神」的「主宰之天」在春秋以後的中國思想史上是沒有什麼地位的。

所以，呂作所言：「人民對天的體認是一種有思想，能云爲的『有意識人格神』」，只能限制在西周以前（並且還不完全）。至於春秋以後的儒家的「天道主義」，與歐洲中世紀的神權思想是不能並類的。

中國文化必須干預生活

「中國有五千年悠久燦爛的文化」，這是我們從小學起都會說的話，但是，驗之現實的生活，在我們的社會裏，除了過世的徐復觀先生和少數學者如陶百川先生和胡秋原先生，我們卻沒有看見有什麼人能爲這個社會供給中國文化來作爲維護公道，擊退不義。

中國文化不是變成了學院的煩瑣哲學，就是成了博物館供人參觀的陳列品，脫離了社會，脫離了現實，而不能干預生活的文化，其實就是沒有生命的文化，當然會日趨萎縮，而可能終至死亡。

但是，眞的中國文化已沒有能力可以再干預現代中國人的生活了嗎？我想呂秀蓮這篇文章提供的答案應該是一個否定的答案，中國文化仍然是有能力干預現代中國人的人權生活的。

雖然中國因爲沒有發達的現代資本主義，也就沒有發達的現代民主法治的人權思想，但中國人是人，當然有做人的權利的要求，當然有人格尊嚴的要求，中國人怎麼可能沒有人權思想呢？

我們看到一些權力機器製造出來的宣傳，一方面要「復興中華文化」；而另一方面又是：國情不同，我們不要西方式的民主，不要西方式的自由，不要西方式的人權，事物的形式容或有所不同，但是民主、自由、人權的本質又豈有東西之分？難道中國的人民就寧爲奴隸不爲主人？難道中國人就寧爲籠中鳥不作自由人？難道中國人寧爲非人待遇而不願作一個有尊嚴的人？如果這是十九世紀白人種族歧視的偏見，我們一點也不奇怪，奇怪的是，說這些話的人竟然和我們一樣，是黃皮膚黑頭髮的中國人！

由於權力機器的宣傳，又造成了另一端的反動，而認爲中國文化沒有民主、自由、人權的可能性，因此，要民主、自由、人權就必須排斥中國文化，一切都必須是要「舶來品」。其實這又是一種種族歧視的偏見。並且又將陷入另一弔詭，因爲人是文化的範疇，中國文化沒有民主、自由、人權的可能，中國人又何能建立民主、自由、人權，因此，一切違反民主、自由、人權者亦得到了合理的辯護。

在中國文化及其子民受到這樣扭曲的時候，中國文化的代言人又到哪裏去了？不能維護人間正義和人性尊嚴的文化必然只能成爲博物館的標本。因此，爲復興中華文化，爲恢復中國人的民族自信心，除了要不斷求新求變的創造新的中華文化外，也必須要讓中國文化干預生活，讓中國文化在現代的中國社會中發揮其生命力。否則，我們這一代的中國知識份子卽將成爲埋葬中國文化的罪人，正是孔子所言：「獲罪於天，無所禱也！」

原載《自立晚報》一九八六年十二月二十二日

滄海叢刊已刊行書目(八)

書名	作者	類別
文學欣賞的靈魂	劉述先	西洋文學
西洋兒童文學史	葉詠琍	西洋文學
現代藝術哲學	孫旗譯	藝術
音樂人生	黃友棣	音樂
音樂與我	趙琴	音樂
音樂伴我遊	趙琴	音樂
爐邊閒話	李抱忱	音樂
琴臺碎語	黃友棣	音樂
音樂隨筆	趙琴	音樂
樂林蓽露	黃友棣	音樂
樂谷鳴泉	黃友棣	音樂
樂韻飄香	黃友棣	音樂
樂圃長春	黃友棣	音樂
色彩基礎	何耀宗	美術
水彩技巧與創作	劉其偉	美術
繪畫隨筆	陳景容	美術
素描的技法	陳景容	美術
人體工學與安全	劉其偉	美術
立體造形基本設計	張長傑	美術
工藝材料	李鈞棫	美術
石膏工藝	李鈞棫	美術
裝飾工藝	張長傑	美術
都市計劃概論	王紀鯤	建築
建築設計方法	陳政雄	建築
建築基本畫	陳榮美 楊麗黛	建築
建築鋼屋架結構設計	王萬雄	建築
中國的建築藝術	張紹載	建築
室內環境設計	李琬琬	建築
現代工藝概論	張長傑	雕刻
藤竹工	張長傑	雕刻
戲劇藝術之發展及其原理	趙如琳譯	戲劇
戲劇編寫法	方寸	戲劇
時代的經驗	汪琪 彭家發	新聞
大衆傳播的挑戰	石永貴	新聞
書法與心理	高尚仁	心理

滄海叢刊已刊行書目(七)

書名	作者	類別
印度文學歷代名著選(上)(下)	糜文開編譯	文學
寒山子研究	陳慧劍	文學
魯迅這個人	劉心皇	文學
孟學的現代意義	王支洪	文學
比較詩學	葉維廉	比較文學
結構主義與中國文學	周英雄	比較文學
主題學研究論文集	陳鵬翔主編	比較文學
中國小說比較研究	侯健	比較文學
現象學與文學批評	鄭樹森編	比較文學
記號詩學	古添洪	比較文學
中美文學因緣	鄭樹森編	比較文學
文學因緣	鄭樹森	比較文學
比較文學理論與實踐	張漢良	比較文學
韓非子析論	謝雲飛	中國文學
陶淵明評論	李辰冬	中國文學
中國文學論叢	錢穆	中國文學
文學新論	李辰冬	中國文學
離騷九歌九章淺釋	繆天華	中國文學
苕華詞與人間詞話述評	王宗樂	中國文學
杜甫作品繫年	李辰冬	中國文學
元曲六大家	應裕康 王忠林	中國文學
詩經研讀指導	裴普賢	中國文學
迦陵談詩二集	葉嘉瑩	中國文學
莊子及其文學	黃錦鋐	中國文學
歐陽修詩本義研究	裴普賢	中國文學
清真詞研究	王支洪	中國文學
宋儒風範	董金裕	中國文學
紅樓夢的文學價值	羅盤	中國文學
四說論叢	羅盤	中國文學
中國文學鑑賞舉隅	黃慶萱 許家鸞	中國文學
牛李黨爭與唐代文學	傅錫壬	中國文學
增訂江皋集	吳俊升	中國文學
浮士德研究	李辰冬譯	西洋文學
蘇忍尼辛選集	劉安雲譯	西洋文學

滄海叢刊已刊行書目㈥

書名	作者	類別
卡薩爾斯之琴	葉石濤	文學
青囊夜燈	許振江	文學
我永遠年輕	唐文標	文學
分析文學	陳啓佑	文學
思想起	陌上塵	文學
心酸記	李喬	文學
離訣	林蒼鬱	文學
孤獨園	林蒼鬱	文學
托塔少年	林文欽編	文學
北美情逅	卜貴美	文學
女兵自傳	謝冰瑩	文學
抗戰日記	謝冰瑩	文學
我在日本	謝冰瑩	文學
給青年朋友的信(上)(下)	謝冰瑩	文學
冰瑩書柬	謝冰瑩	文學
孤寂中的廻響	洛夫	文學
火天使	趙衛民	文學
無塵的鏡子	張默	文學
大漢心聲	張起鈞	文學
回首叫雲飛起	羊令野	文學
康莊有待	向陽	文學
情愛與文學	周伯乃	文學
湍流偶拾	繆天華	文學
文學之旅	蕭傳文	文學
鼓瑟集	幼柏	文學
種子落地	葉海煙	文學
文學邊緣	周玉山	文學
大陸文藝新探	周玉山	文學
累廬聲氣集	姜超嶽	文學
實用文纂	姜超嶽	文學
林下生涯	姜超嶽	文學
材與不材之間	王邦雄	文學
人生小語㈠㈡	何秀煌	文學
兒童文學	葉詠琍	文學

滄海叢刊已刊行書目(五)

書名	作者	類別
中西文學關係研究	王潤華	文學
文開隨筆	糜文開	文學
知識之劍	陳鼎環	文學
野草詞	韋瀚章	文學
李韶歌詞集	李韶	文學
石頭的研究	戴天	文學
留不住的航渡	葉維廉	文學
三十年詩	葉維廉	文學
現代散文欣賞	鄭明娳	文學
現代文學評論	亞菁	文學
三十年代作家論	姜穆	文學
當代臺灣作家論	何欣	文學
藍天白雲集	梁容若	文學
見賢集	鄭彥棻	文學
思齊集	鄭彥棻	文學
寫作是藝術	張秀亞	文學
孟武自選文集	薩孟武	文學
小說創作論	羅盤	文學
細讀現代小說	張素貞	文學
往日旋律	幼柏	文學
城市筆記	巴斯	文學
歐羅巴的蘆笛	葉維廉	文學
一個中國的海	葉維廉	文學
山外有山	李英豪	文學
現實的探索	陳銘磻編	文學
金排附	鍾延豪	文學
放鷹	吳錦發	文學
黃巢殺人八百萬	宋澤萊	文學
燈下燈	蕭蕭	文學
陽關千唱	陳煌	文學
種籽	向陽	文學
泥土的香味	彭瑞金	文學
無緣廟	陳艷秋	文學
鄉事	林清玄	文學
余忠雄的春天	鍾鐵民	文學
吳煦斌小說集	吳煦斌	文學

滄海叢刊已刊行書目㈣

書　名	作　者	類　別
歷史圈外	朱　桂	歷　史
中國人的故事	夏雨人	歷　史
老臺灣	陳冠學	歷　史
古史地理論叢	錢　穆	歷　史
秦漢史	錢　穆	歷　史
秦漢史論稿	邢義田	歷　史
我這半生	毛振翔	歷　史
三生有幸	吳相湘	傳　記
弘一大師傳	陳慧劍	傳　記
蘇曼殊大師新傳	劉心皇	傳　記
當代佛門人物	陳慧劍	傳　記
孤兒心影錄	張國柱	傳　記
精忠岳飛傳	李　安	傳　記
八十憶雙親 師友雜憶合刊	錢　穆	傳　記
困勉強狷八十年	陶百川	傳　記
中國歷史精神	錢　穆	史　學
國史新論	錢　穆	史　學
與西方史家論中國史學	杜維運	史　學
清代史學與史家	杜維運	史　學
中國文字學	潘重規	語　言
中國聲韻學	潘重規 陳紹棠	語　言
文學與音律	謝雲飛	語　言
還鄉夢的幻滅	賴景瑚	文　學
葫蘆・再見	鄭明娳	文　學
大地之歌	大地詩社	文　學
青春	葉蟬貞	文　學
比較文學的墾拓在臺灣	古添洪 陳慧樺 主編	文　學
從比較神話到文學	古添洪 陳慧樺	文　學
解構批評論集	廖炳惠	文　學
牧場的情思	張媛媛	文　學
萍踪憶語	賴景瑚	文　學
讀書與生活	琦　君	文　學

滄海叢刊已刊行書目㈢

書名	作者	類別
不疑不懼	王洪鈞	教育
文化與教育	錢穆	教育
教育叢談	上官業佑	教育
印度文化十八篇	糜文開	社會
中華文化十二講	錢穆	社會
清代科舉	劉兆璸	社會
世界局勢與中國文化	錢穆	社會
國家論	薩孟武譯	社會
紅樓夢與中國舊家庭	薩孟武	社會
社會學與中國研究	蔡文輝	社會
我國社會的變遷與發展	朱岑樓主編	社會
開放的多元社會	楊國樞	社會
社會、文化和知識份子	葉啓政	社會
臺灣與美國社會問題	蔡文輝 蕭新煌 主編	社會
日本社會的結構	福武直著 王世雄譯	社會
三十年來我國人文及社會科學之回顧與展望		社會
財經文存	王作榮	經濟
財經時論	楊道淮	經濟
中國歷代政治得失	錢穆	政治
周禮的政治思想	周世輔 周文湘	政治
儒家政論衍義	薩孟武	政治
先秦政治思想史	梁啓超原著 賈馥茗標點	政治
當代中國與民主	周陽山	政治
中國現代軍事史	劉馥著 梅寅生譯	軍事
憲法論集	林紀東	法律
憲法論叢	鄭彥棻	法律
師友風義	鄭彥棻	歷史
黃帝	錢穆	歷史
歷史與人物	吳相湘	歷史
歷史與文化論叢	錢穆	歷史

滄海叢刊已刊行書目㈡

書名	作者	類別
語言哲學	劉福增	哲學
邏輯與設基法	劉福增	哲學
知識・邏輯・科學哲學	林正弘	哲學
中國管理哲學	曾仕强	哲學
老子的哲學	王邦雄	中國哲學
孔學漫談	余家菊	中國哲學
中庸誠的哲學	吳怡	中國哲學
哲學演講錄	吳怡	中國哲學
墨家的哲學方法	鐘友聯	中國哲學
韓非子的哲學	王邦雄	中國哲學
墨家哲學	蔡仁厚	中國哲學
知識、理性與生命	孫寶琛	中國哲學
逍遥的莊子	吳怡	中國哲學
中國哲學的生命和方法	吳怡	中國哲學
儒家與現代中國	韋政通	中國哲學
希臘哲學趣談	鄔昆如	西洋哲學
中世哲學趣談	鄔昆如	西洋哲學
近代哲學趣談	鄔昆如	西洋哲學
現代哲學趣談	鄔昆如	西洋哲學
現代哲學述評㈠	傅佩榮譯	西洋哲學
懷海德哲學	楊士毅	西洋哲學
思想的貧困	韋政通	思想
不以規矩不能成方圓	劉君燦	思想
佛學研究	周中一	佛學
佛學論著	周中一	佛學
現代佛學原理	鄭金德	佛學
禪話	周中一	佛學
天人之際	李杏邨	佛學
公案禪語	吳怡	佛學
佛教思想新論	楊惠南	佛學
禪學講話	芝峯法師譯	佛學
圓滿生命的實現（布施波羅蜜）	陳柏達	佛學
絶對與圓融	霍韜晦	佛學
佛學研究指南	關世謙譯	佛學
當代學人談佛教	楊惠南編	佛學

滄海叢刊已刊行書目(一)

書名	作者	類別
國父道德言論類輯	陳立夫	國父遺教
中國學術思想史論叢(一)(二)(三)(四)(五)(六)(七)(八)	錢穆	國學
現代中國學術論衡	錢穆	國學
兩漢經學今古文平議	錢穆	國學
朱子學提綱	錢穆	國學
先秦諸子繫年	錢穆	國學
先秦諸子論叢	唐端正	國學
先秦諸子論叢(續篇)	唐端正	國學
儒學傳統與文化創新	黃俊傑	國學
宋代理學三書隨劄	錢穆	國學
莊子纂箋	錢穆	國學
湖上閒思錄	錢穆	哲學
人生十論	錢穆	哲學
晚學盲言	錢穆	哲學
中國百位哲學家	黎建球	哲學
西洋百位哲學家	鄔昆如	哲學
現代存在思想家	項退結	哲學
比較哲學與文化(一)(二)	吳森	哲學
文化哲學講錄(一)(二)(三)(四)	鄔昆如	哲學
哲學淺論	張康譯	哲學
哲學十大問題	鄔昆如	哲學
哲學智慧的尋求	何秀煌	哲學
哲學的智慧與歷史的聰明	何秀煌	哲學
內心悅樂之源泉	吳經熊	哲學
從西方哲學到禪佛教—「哲學與宗教」一集—	傅偉勳	哲學
批判的繼承與創造的發展—「哲學與宗教」二集—	傅偉勳	哲學
愛的哲學	蘇昌美	哲學
是與非	張身華譯	哲學